大连理工大学管理论丛

中国民营企业跨国并购
异质性特征生成机理研究

苏敬勤　孙华鹏　著

国家自然科学重点基金项目（71632004）
国家自然科学基金项目（71372082）
教育部人文社会科学重点研究基地项目（15JJD630004）　资助出版
大连理工大学管理与经济学部出版基金

科　学　出　版　社
北　京

内 容 简 介

本书专注于中国民营企业跨国并购异质性特征方面，以民营企业跨国并购的案例驱动、交易、整合为切入点，按照管理案例研究的逻辑顺序展开，即选题—案例研究草案设计—案例数据收集—案例数据分析—案例研究报告撰写。本书每章按照理论分析、案例描述、案例分析、模型构建四部分撰写，力图揭示中国民营企业跨国并购的异质性特征生成机理并建立相关理论模型。本书填补了中国民营企业跨国并购研究方法和理论的空白，对民营企业跨国并购的特殊性和实际操作等诸多问题进行了阐述。为了方便读者对理论模型的理解认知，本书使用了多个经典案例，力求更加简洁明了、通俗易懂。

本书适合高等学校管理类教师、研究人员、研究生使用，也对企业管理人员及从事管理咨询的人员有很好的参考和借鉴价值。

图书在版编目（CIP）数据

中国民营企业跨国并购异质性特征生成机理研究 / 苏敬勤，孙华鹏著. —北京：科学出版社，2019.3

（大连理工大学管理论丛）

ISBN 978-7-03-057265-3

Ⅰ. ①中⋯ Ⅱ. ①苏⋯ ②孙⋯ Ⅲ. ①民营企业-跨国兼并-研究-中国 Ⅳ. ①F279.245

中国版本图书馆 CIP 数据核字（2018）第 084241 号

责任编辑：李　莉 / 责任校对：王丹妮
责任印制：徐晓晨 / 封面设计：无极书装

科学出版社 出版
北京东黄城根北街 16 号
邮政编码：100717
http://www.sciencep.com

北京建宏印刷有限公司 印刷
科学出版社发行　各地新华书店经销
*

2019 年 3 月第 一 版　　开本：720×1000　B5
2019 年 11 月第二次印刷　　印张：9
字数：190 000

定价：82.00 元

（如有印装质量问题，我社负责调换）

丛书编委会

总　序

　　编写一批能够反映大连理工大学管理学科科学研究成果的专著，是几年前的事情了。这是因为大连理工大学作为国内最早开展现代管理教育的高校，早在1980年就在国内率先开展了引进西方现代管理教育的工作，被学界誉为"中国现代管理教育的先驱，中国MBA教育的发祥地，中国管理案例教学法的先锋"。大连理工大学管理教育不仅在人才培养方面取得了丰硕的成果，在科学研究方面同样取得了令同行瞩目的成绩。例如，2010年时的管理学院，获得的科研经费达到2 000万元的水平，获得的国家级项目达到20多项，发表在国家自然科学基金委员会管理科学部的论文达到200篇以上，还有两位数的国际SCI、SSCI论文发表，在国内高校中处于领先地位。在教育部第二轮学科评估中，大连理工大学的管理科学与工程一级学科获得全国第三名的成绩；在教育部第三轮学科评估中，大连理工大学的工商管理一级学科获得全国第八名的成绩。但是，一个非常奇怪的现象是，2000年之前的管理学院公开出版的专著很少，几年下来却只有屈指可数的几部，不仅与兄弟院校距离明显，而且与自身的实力明显不符。

　　是什么原因导致这一现象的发生呢？在更多的管理学家看来，论文才是科学研究成果最直接、最有显示度的工作，而且论文时效性更强、含金量也更高，因此出现了不重视专著也不重视获奖的现象。无疑，论文是重要的科学研究成果的载体，甚至是最主要的载体，但是，管理作为自然科学与社会科学的交叉成果，其成果的载体存在方式一定会呈现出多元化的特点，其自然科学部分更多的会以论文等成果形态出现，而社会科学部分则既可以以论文的形态呈现，也可以以专著、获奖、咨政建议等形态出现，并且同样会呈现出生机和活力。

　　2010年，大连理工大学决定组建管理与经济学部，将原管理学院、经济系合并。重组后的管理与经济学部以学科群的方式组建下属单位，设立了管理科学与工程学院、工商管理学院、经济学院以及MBA/EMBA教育中心。重组后的管理与经济学部的自然科学与社会科学交叉的属性更加明显，全面体现学部研究成果的重要载体形式——专著的出版变得必要和紧迫了。本套论丛就是在这个背景下产生的。

　　本套论丛的出版主要考虑了以下几个因素：第一是先进性。要将学部教师的最新科学研究成果反映在专著中，目的是更好地传播教师最新的科学研究成果，为推进管理与经济学科的学术繁荣作贡献。第二是广泛性。管理与经济学部下设的实体科研机构有 12 个，分布在与国际主流接轨的各个领域，所以专著的选题具有广泛性。第三是纳入学术成果考评之中。我们认为，既然学术专著是科研成果的展示，本身就具有很强的学术性，属于科学研究成果，有必要将其纳入科学研究成果的考评之中，而这本身也必然会调动广大教师的积极性。第四是选题的自由探索性。我们认为，管理与经济学科在中国得到了迅速的发展，各种具有中国情境的理论与现实问题众多，可以研究和解决的现实问题也非常多，在这个方面，重要的是发动科学家按照自由探索的精神，自己寻找选题，自己开展科学研究并进而形成科学研究的成果，这样的一种机制一定会使得广大教师遵循科学探索精神，撰写出一批对于推动中国经济社会发展起到积极促进作用的专著。

　　本套论丛的出版得到了科学出版社的大力支持和帮助。马跃社长作为论丛的负责人，在选题的确定和出版发行等方面给予了自始至终的关心，帮助学部解决出版过程中的困难和问题。特别感谢学部的同行在论丛出版过程中表现出的极大热情，没有大家的支持，这套论丛的出版不可能如此顺利。

大连理工大学管理与经济学部

2014 年 3 月

前　言

随着中国民营企业开拓海外市场的脚步不断加快，跨国并购（mergers and acquisitions，M&A）已经逐渐成为中国民营企业进入海外市场和建立竞争优势的重要方式之一，并成为理论界重点关注的对象。越来越多的研究发现，由于中西方企业所处的宏观政治环境、社会环境、文化环境，以及微观公司治理环境、技术环境都不相同，中国民营企业跨国并购所具有的特征与西方企业相比差异较大。目前学术界缺少完整的理论模型对中国民营企业跨国并购异质性特征生成机理进行深入的学术性描述及理论解释，中国民营企业在跨国并购时有什么样的特征？与西方企业跨国并购特征相比较有何异质性特征，这些异质性特征的生成机理是什么？

为了回答以上问题，本书以中国民营企业跨国并购全过程为研究对象，首先将并购过程划分为驱动、交易和整合三个阶段。其次，本书通过对各个阶段具体案例的描述、分析，挖掘中国民营企业跨国并购不同阶段的特征，并将不同阶段的特征与欧美发达企业跨国并购研究成果进行对比，得出中国民营企业跨国并购的异质性特征。本书依靠不确定性规避（uncertainty avoidance）理论对中国民营企业跨国并购驱动、交易、整合阶段所表现出的异质性特征进行深入分析，通过迭代研究的方式阐释中国民营企业跨国并购异质性特征的生成机理。最后，本书根据研究结论构建相应的并购阶段理论模型并得出中国民营企业跨国并购异质性特征生成机理模型。

构建完整的中国民营企业跨国并购异质性特征生成机理模型是本书研究的重点。本书使用理论迭代的研究方式，将初步分析所得的异质性特征产生原因放入中国特殊情境下进行二次理论迭代。具体过程是：首先，基于跨国并购的各个关键过程进行案例筛选，在各个过程中基于经典案例进行过程阶段的特征总结，在案例研究及对比研究的基础上系统地分别识别出中国民营企业跨国并购驱动、交易、整合的特征及异质性特征并初步分析异质性特征产生的原因。其次，以国家文化维度模型下的不确定规避理论为框架对研究所得的异质性驱动、交易、整合特征所产生的机理进行二次理论迭代，剖析异质性特征生成机理与中国情境下的不确定性规避文化之间的逻辑关系。最后，根据各个阶段的异质性特征研究结论分别构建无形资源导向型跨国并购驱动特征模型、经验导向型跨国并购交易特征模型、能力缺乏型跨国并购整合特征模型，通过对三阶段模型的总结，得到中国民营企业跨国并购异质性特征生成机理模型。本书的研究表明，中国民营企业跨国并购异质性特征生成机理是当中国民营企业最为擅长的成本优势逐渐丧失时，弱不确定性规避文化影响下的中国民营企业选择在陌生环境中更容易规避风险的跨国并购方式，寻求用于国际经营的资源来建立新的竞争优势。但在缺乏并购经验和整合能力的条件下，处于弱不确定性规避文化影响下的中国民营企业选择与自身具有合作关系和经验的中介机构来帮助其完成并购交易和整合，并在整合过程中容忍整合的模糊性和非结构性事物以避免在陌生的国际经营环境中冒险，从而保证获得被并购企业的资源。

目　录

第一章 绪 章

第一节 探索背景与意义

一、探索背景

从 20 世纪开始,并购活动就日益活跃。并购活动不断由行业内向跨行业发展,从国内并购向国外并购发展[1]。同时在全球市场上进行的跨国并购交易逐步成为推动外国直接投资(foreign direct investment,FDI)增长的主要动力。如同诺贝尔经济学奖获得者 George J. Stigler 所言:"没有一个美国大公司不是通过某种程度、某种方式的并购而成长起来的,几乎没有一家美国大公司主要是靠内部扩张成长起来的。"[2]

20 世纪 80 年代开始,随着全球经济的爆炸式发展,以及日本大型企业在全球掀起并购浪潮,跨国并购的交易数量及交易金额每年都以极高的速度增长。在国际直接投资领域,跨国并购的增速已经远远超过绿地投资。2007 年跨国并购的交易额更是达到了创纪录的 1.637 万亿美元[3]。虽然受 2008 年经济危机的影响,跨国并购交易金额有了大幅回落,但跨国并购实际上仍是对外直接投资的主要增长点[4]。根据《2011 年世界投资报告》,全球 2011 年跨国并购交易金额比 2010 年增长 53%达到 5 260 亿美金。增长的主要原因是巨额交易(价值超过 30 亿美元的交易)量增多,从 2010 年的 44 宗升至 2011 年的 62 宗。而另一个主要对外投资形式——绿地投资额则在 2010 年和 2011 年连续下降[5]。2011 年全球 FDI 流量的增长大部分是跨国并购带动的。

从 21 世纪开始,发展中国家逐渐加入跨国并购活动中来,并成为一支新的重要力量。尤其最近十年,发展中国家企业掀起的新一轮跨国并购浪潮,如中国联想集团(以下简称联想)并购美国 IBM PCD(personal computer department,个人电脑部门),印度塔塔集团并购福特汽车公司捷豹及路虎事业部等案例层出不穷。尽管发展中国家企业总体的跨国并购规模还无法和发达国家企业总体的跨国并购规模相比,但其在世界投资中所占比重呈现迅速增加的态势。

从中国的国际化发展进程来看,中国正以前所未有的发展速度融入世界经济当中,《2012 年世界投资报告》将中国列为 2012~2014 年跨国公司最具投资前景的 10 个东道经济体之首,排名在美国之前。随着中国企业跨国直接投资的飞速发展,中国民营企业的跨国投资规模和形式也达到一个新的高度,投资形式由绿地投资逐渐转为通过跨国并购直接获得海外市场。受来自中国民营企业内部和外部环境的影响,一大批中国优秀的民营企业投入国际市场的怀抱,希望通过跨国并购完成本土一流企业到世界顶尖企业的华丽转身。根据《中国企业并购年鉴2011》,进行跨国并购的中国民营企业有联想、中联重科集团(以下简称中联重科)、吉利汽车集团(以下简称吉利)、京东方科技集团股份有限公司等国内细分市场的优秀企业[6]。跨国并购是中国经济全球化必然要迈出的一步,也是中国民营企业自身发展的要求,从长期看,跨国并购也为中国经济的持续发展起到了分散风险的作用[7]。但是由于经济、政治、文化等特殊国情的存在,中国民营企业在进行跨国并购时会遇到被并购方的不信任、外国政府的审批阻止、交易时的经验不足、信息不对称、整合时的工会障碍、管理层的误解等多种风险阻碍。

从民营企业自身的跨国并购历史来看,中国企业在跨国并购方面进行了多次尝试,其中不乏有企业成功完成了跨国并购交易并将并购目标纳入自身体系中。2008~2011 年,中国企业以海外并购方式实现的对外直接投资合计 1 063 亿美元,年均增长 44%。其中,在 2011 年,以海外并购方式实现的直接投资为 272 亿美元,如 2005 年联想通过成功并购及整合美国 IBM PCD 之后成为全球第一大 PC出货商,2010 年吉利通过从美国福特集团并购 Volvo Car 汽车部门(以下简称Volvo Car)跻身于世界一流豪华车阵营,2012 年万达集团并购美国 AMC 影院公司成为世界第一大规模的影院商[8]。这些成功的中国民营企业跨国并购案例一方面展示了部分优秀民营企业的国际竞争力发展近况,另一方面也为中国企业的国际化发展道路提供了可供参考的经验和样本。与欧美发达国家相比,中国民营企业在跨国并购上仍然处于相对弱势地位。跨国经验与人才储备的缺失导致民营企业在跨国并购时与欧美企业相比处于能力及经验的弱势地位。此外不容忽视的是,虽然中国民营企业在跨国并购的实践上取得了一定的进步,但不得不承认中国民营企业在国际市场,特别是在发达国家的并购过程中遭遇了较多的失败和挫折。例如,TCL 集团并购法国汤姆逊公司的失败导致其欧洲分公司破产清算,甚至被法国法院要求赔偿清算金额超过五亿元。上海汽车集团并购韩国双龙汽车公司的失败致使上海汽车集团丧失了对双龙汽车公司的管理权,损失超过 40 亿元。跨国并购的失败不但在经济上会对企业造成巨大影响,甚至会影响中国企业整个国际化的进程。经过对实施过跨国并购的中国民营企业实地调研与分析后,本书认为中国文化及环境的特殊性导致中国民营企业跨国并购过程的各个阶段具有不同的特征，这些存在于跨国并购过程的特征汇集成中国民营企业跨国并购的特征体系群，需要对这些特征体系进行具体的挖掘及描述。通过提炼与归纳普遍存在的中国民营企业跨国并购过程的特征及规律可以为跨国并购实践中所遇到的各种问题提供成形的经济模型和"智库"，因此，聚焦中国民营企业跨国并购过程中的特征研究具有十分重要的现实意义。

二、探索问题

中国民营企业跨国并购对中国企业和中国经济持续发展至关重要。随着民营企业在中国和世界经济舞台上发挥着越来越重要的作用，研究中国民营企业跨国并购的现象可能会成为理论工作和实践工作关注的焦点。从图 1.1 中可以看出，自 2000 年以来，中国学术界对跨国并购的相关研究呈快速上升态势。学者在跨国并购的价值创造、价值转移、战略匹配、文化冲突等各个角度进行了大量的研究工作，并取得了一些可以为并购实践提供重要参考的研究成果。但由于跨国并购的理论体系过于庞杂[9]，目前专门针对中国民营企业跨国并购的理论研究并不多，且缺少相应过程的详细分析，因此，需要进一步深入完善中国民营企业跨国并购理论体系。

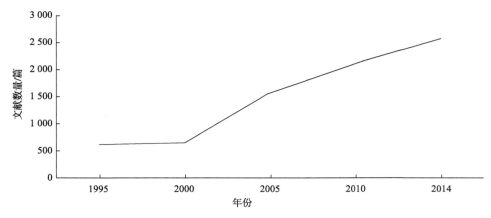

图 1.1 中国跨国并购相关研究趋势
资料来源：CNKI 数据库

从理论研究范围来看，目前国际上较为成熟的跨国并购研究成果所依赖的研究情境大多局限于欧美发达国家的企业，而有关中国企业的跨国并购研究成果则主要关注了中央企业（以下简称央企）所主导的能源、矿产类等关乎国家战略资源的并购。目前聚焦于中国民营企业跨国并购的研究并不多，即使有少数关注中国民营企业跨国并购的研究，学者往往也主要从国家角度或行业角度来进行，而非以企业归属主体来进行。如前所述，跨国并购是企业行为，与国家行为或行业行为的目标并不一致。民营企业与国有企业相比具有资源约束性和完全市场导向性等诸多特点。因此，以民营企业开展研究会更具有针对性，此类研究不仅更具有实际意义，同时也可以将目前相对分散的关于中国企业跨国并购的研究（如驱动、整合等行为）纳入一个系统的研究框架。从理论分析方式来看，为了丰富中国企业跨国并购的特征理论，我们需要将中外企业跨国并购的特征进行全方位的比对，这样才可以得出中国民营企业独有的异质性特征。从理论生成基础来看，目前对于中国民营企业跨国并购的研究大多基于对外国成熟理论的直接借鉴或者外国成熟理论的中国情境化适用，这样的借鉴和适用虽然可以部分地解释中国民营企业跨国并购问题，但由于不是扎根于中国民营企业本身这片"土壤"的理论，无法全面对中国民营企业跨国并购的异质性特征进行合理解释，需要建立起基于中国本土视角的中国民营企业跨国并购异质性特征生成机理。

基于上述实践和理论两个层面的阐述，本书将围绕"中国民营企业跨国并购特征"这个基础性问题进行深入的研究，主要探讨以下三个问题：中国民营企业在跨国并购过程中的不同阶段所表现出的特征有哪些？与欧美发达国家企业相比较，中国民营企业所具有的跨国并购异质性特征是什么？中国民营企业所具有的跨国并购异质性特征的生成机理模型是什么？

三、探索意义

对于中国民营企业跨国并购的特征、异质性特征及其生成机理模型的研究具有重要的理论与实践研究意义。

（1）理论研究意义。传统的跨国并购领域的相关理论多以欧美发达国家的跨国并购案例及数据为对象进行研究，而针对中国企业的研究则较少关注民营企业。事实上中国民营企业所处的文化环境、政治环境，以及民营企业自身产生的背景与欧美发达国家的企业有着较大的差异，并且相对于欧美发达国家的企业，中国民营企业本身所具有的并购能力、知识储备、经验储备也有着巨大的差距。因此，产生于欧美背景的传统跨国并购理论已不能很好地解释和指导中国民营企业跨国并购，亟待扎根于中国民营企业自身的新理论给予指导。在此理论背景下，本书试图针对中国民营企业跨国并购的过程进行研究，尝试挖掘依附于并购过程中的并购特征、异质性特征及生成机理，建立适用于中国情境的阶段性跨国并购特征理论模型及整体特征模型。本书希望可以为中国企业跨国并购研究领域提供新的研究思路，即从国家相关的情境变量与企业跨国并购异质性特征的因果关系深入剖析中国民营企业跨国并购异质性特征生成机理并建立相应的理论模型。本书希望研究所得到的理论模型可以为进一步探索中国本土企业跨国并购相关的实践活动提供理论支撑，丰富中国本土的跨国并购理论，拓展跨国并购理论的研究范畴及范畴的适用性。通过研究所得的跨国并购理论特征阶段模型和整体模型来厘清跨国并购影响因素与表象之间的传导机制和作用关系。此外，将不确定性规避理论引入跨国并购的研究也为研究某一特定国家的跨国并购乃至国际化发展提供了一个新的方式，本书还发现中国文化情境中的弱不确定性规避文化在认知层面的影响使得中国民营企业在跨国并购过程中表现出与西方企业不同的异质性特征。

（2）实践研究意义。跨国并购因为具有敏捷的时间响应性和市场渗透性等优势[10]，将会成为中国民营企业一种十分重要的对外投资形式。然而和发达国家的跨国企业相比较，中国民营企业处于经验与能力缺乏的不利地位。建立中国民营企业跨国并购的理论模型是提升中国民营企业跨国并购能力的现实选择。本书通过详细分析中国民营企业跨国并购过程中的驱动、交易、整合这些关键阶段从而得出中国民营企业跨国并购的异质性特征及生成机理，不但可以丰富中国民营企业跨国并购的智库，而且在微观经济层面为中国民营企业厘清并购驱动力，提高并购交易成功概率及增强企业并购整合效率提供具体指导。在宏观经济层面还可以为国家制定相关跨国并购指导政策提供理论模型，完善相应法律法规提供理论参考。

第二节　研究对象与内容

一、研究对象

聚焦于中国民营企业的跨国并购过程，以特征视角进行研究。民营企业是由中国公民私人控股的中国内生企业，而非国有控股或外资控股的企业。民营企业是中国经济的重要组成部分，2017 年中国民营企业的数量占中国总体企业数量的88.07%。中国超过 50%的出口额由民营企业创造[11]，这也证明中国民营企业相较于国有企业有更大的机会融入国际经济领域。在当今经济全球化的背景下，跨国并购活动直接关系到民营企业的国际化生存和发展。民营企业可能会因为跨国并购的成功而获得国际市场的一席之地，甚至有可能成为全球行业的领导者，如联想通过跨国并购获得了 PC 行业全球市场第一的地位，吉利则通过并购 Volvo Car成功加入了全球豪华车竞争阵容。同时民营企业也极有可能因为推行了一项失败的跨国并购活动而损失惨重。民营企业在中国经济发展中占有举足轻重的地位，跨国并购也是民营企业建立国际竞争优势的重要方式之一，因此，聚焦于中国民营企业跨国并购具有重要的现实意义。

本书选取跨国并购特征视角进行研究是因为希望扎根于中国民营企业跨国并购的全过程从而提炼出基于中国民营企业跨国并购实践特征的相关理论，从而为丰富中国企业跨国并购理论做出一定贡献。由于研究条件所限，目前面向中国企业跨国并购过程的研究大多只针对跨国并购中的一个阶段而非全部阶段，而笔者希望通过针对中国民营企业跨国并购全过程展开研究，力图系统地揭示跨国并购各个阶段所承载的特征。

中国民营企业跨国并购的过程具体包括驱动阶段、交易阶段、整合阶段。跨国并购驱动阶段是驱使企业选择跨国并购的方式而非其他手段进行国际化投资的阶段，同时也是跨国并购驱动特征产生的阶段。跨国并购交易阶段是指并购企业通过某种支付手段来从形式上获得被并购目标的阶段，同时也是中国民营企业跨国并购交易特征产生的阶段。跨国并购整合阶段是指并购企业根据自身并购前所确定的驱动目标和发展准则，将被并购企业的资源与并购企业的资源融为一体，通过两家企业之间的相互作用，实现并购企业的驱动因素目标的阶段。研究驱动、交易、整合阶段的意义在于完整地、系统地构建基于中国本土的民营企业跨国特征理论，寻找中国民营企业独特的异质性特征并挖掘其背后的生成机理。

二、研究内容

聚焦中国民营企业跨国并购全过程，本书首先对目前已有的跨国并购相关理论进行梳理、整合，通过案例研究方法对中国民营企业跨国并购的驱动、交易和整合阶段进行全面分析得到中国民营企业特征群。其次，通过分别对比中西方跨国并购过程中的驱动、交易、整合阶段性特征群得到中国民营企业的异质性特征群。最后，将不确定性规避理论与中国情境相结合，对中国民营企业跨国并购的异质性特征做出扎根于中国本土的生成机理解释，在分别建立起各个并购阶段的理论模型基础之上，构建出中国民营企业跨国并购异质性特征生成机理模型。本书的组织架构和讨论内容如下所示。

（1）第一章，绪章。该章论述了研究背景，通过联系跨国并购理论研究需求与企业国际化发展现状提出研究主题，并阐述研究意义。简略介绍研究对象与方法，并解释研究对象选取与研究方法选择的原因。该章最后阐明了主要创新性。

（2）第二章，理论回顾。该章首先界定了并购、跨国并购、民营企业、不确定性规避等关键概念。其次，从国际宏观、企业微观两个方面回顾了已有学者在并购领域开展的研究，并对跨国并购理论进行拓展，归纳总结了和研究关系更为密切的中国企业跨国并购理论研究和跨国并购阶段性特征研究，评述了现存研究对于本书研究的启迪和仍需更加深入探寻的理论区域。

（3）第三章，研究设计。该章具体论述了研究对象、研究方法的选择原因，选取的研究数据及确立的研究框架。本书主要以针对跨国并购驱动阶段、交易阶段、整合阶段这三个阶段构成的中国民营企业跨国并购全过程，采用探索性案例研究与对比研究相结合的方式，以行业为维度选取三个中国民营企业跨国并购经典案例用以采集研究数据，并引入不确定性规避理论用以分析中国民营企业跨国并购异质性特征的生成机理。

（4）第四章，中国民营企业跨国并购的驱动特征、异质性驱动特征及生成机理模型研究。该章通过对联想并购美国 IBM PCD，吉利并购 Volvo Car 及中联重科并购意大利 CIFA（Compagnia Italiana Forme Acciaio）的案例进行分析。采用探索性多案例研究方法，系统地揭示了中国民营企业进行跨国并购的驱动特征。研究结果表明，国际品牌、核心技术、市场份额、国际化经验是驱动中国民营企业跨国并购的四个驱动特征。在此基础上，该章通过将研究结论与西方经典的研究西方企业跨国并购驱动特征的成果进行对比，得出中国民营企业跨国并购异质性驱动特征。通过使用不确定性规避理论逐项验证中国民营企业跨国并购的异质性特征，揭示出中国民营企业跨国并购的异质性驱动特征生成机理是：中国社会文化中的弱不确定规避性驱使着中国民营企业选择在陌生环境中更容易规避风险的跨国并购方式，寻求用于国际经营的无形资源来建立新的竞争优势。该章最后构建无形资源导向型跨国并购驱动特征模型来揭示中国民营企业跨国并购异质性驱动特征生成机理的影响因素及传导关系。

（5）第五章，中国民营企业跨国并购的交易特征、异质性交易特征及生成机理模型研究。该章首先通过对联想并购 IBM PCD 的交易网络演化过程的分析，采用探索性单案例研究方法，系统地揭示了中国民营企业跨国并购交易的特征，并与西方跨国并购交易的经典文献进行对比后得到中国民营企业跨国并购交易异质性特征是：在中介机构的选择标准上，根据合作关系和经验兼以行业声誉为标准选择中介机构；在交易网络上，中国民营企业与专业咨询公司建立强合作关系，与其他中介机构建立一般合作关系。其次，通过运用不确定性规避理论多层次、多角度检验中国民营企业跨国并购异质性交易特征，从而揭示出中国民营企业跨国并购交易生成机理是：弱不确定性文化背景导致缺乏并购交易经验和能力的中国民营企业采取最稳妥的方式来保证并购交易的完成，从而在形式上获得被并购目标的资源。最后，通过建立经验导向型跨国并购交易特征模型来展示中国民营企业跨国并购异质性交易特征生成机理的影响因素和构成关系。

（6）第六章，中国民营企业跨国并购的整合特征、异质性整合特征及生成机理模型研究。该章首先通过逐步深入地展现中国民营企业在组织、资源、文化的整合过程，得出中国民营企业跨国并购整合的特征，并选取西方经典跨国并购整合特征研究结论及案例作为对比，得出中国民营企业跨国并购整合具有整合过程中始终保持并购双方相对独立、中介机构在整合中起重要作用的两个异质性特征。其次，运用不确定性规避理论验证整合过程中的不确定性从而揭示出中国民营企业跨国并购整合异质性特征机理是：缺乏并购整合能力的民营企业采取最稳妥的方式来保证整合的成功，从而在实质上获得被并购目标的资源。最后，根据研究所得构建能力缺失型跨国并购整合特征模型。

（7）第七章，结论与展望。该章概括总结研究结论，根据研究所得到的中国民营企业跨国并购特征群、异质性特征群及阶段性特征模型，系统整合出中国民营企业跨国并购异质性特征生成机理模型，指出目前仍然存在的局限性及跨国并购特征领域未来需要进行探索的方向。

第三节 研究方法与路线

一、研究方法

本书的研究的对象为中国民营企业的跨国并购过程而非所有国家的企业的跨国并购，因此笔者需要扎根于此类企业所处的微观环境与宏观环境中对企业行为进行综合分析，才可能提炼出具有价值的理论。同时，因为在研究期间中国民营企业跨国并购的案例较少，媒体及股市公开披露的数据也较为缺乏，所以本书利用经典的民营企业跨国并购案例，以探索性多案例研究方法为主体，辅以文献分析及对比研究的方式进行探索性研究。为了清晰地区别出中国民营企业跨国并购异质性特征，笔者借鉴了日本学者小岛清对日本企业海外直接投资的研究方式，小岛清研究的对象是日本企业对外投资特征，他通过多角度分析日本企业与美国企业对外投资的不同从而得出日本企业对外投资的异质性特征，并得出边际产业理论（marginal industry theory），这与本书采用视角及研究目标类似，因此，笔者也部分地借鉴了小岛清的以国家为单位进行对比研究的方式用来挖掘中国民营企业的异质性特征。笔者利用探索性多案例研究方法以期最大限度地挖掘中国民营企业跨国并购全过程所具有的特征，同时结合对比研究方法获得中西方企业跨国并购的特征差异。

（一）文献分析法

文献分析法可以使本书全面涉及宏观及微观环境中中国民营企业跨国并购的过程，从而增强数据完整性及提高理论的饱和度。笔者收集了大量的国外及国内权威的资料，包括较多中外公认的权威报告。例如，联合国投资与发展组织（United

Nations Conference on Trade and Development，UNCTAD）每年发布的《世界投资报告》（*World Investment Report*）详细汇总了各个国家的并购情况及走势。又如，北京交通大学中国企业兼并重组研究中心每年发布的《中国企业并购年鉴》除记录了中国企业本年度的跨国并购情况及走势外，还详细记录每一单较大的跨国并购案例。除此之外，还包括企业家公开的访谈记录，如在 2011 年中央电视台推出的纪录片《跨国并购》。此外，访谈企业的会议记录、管理文件、企业内部年鉴、公司网站公开资料等也是笔者收集的文献。为了注重研究的学术价值，笔者还重点收集了中外研究领域的相关研究成果，如从中国期刊全文数据库（CNKI）及荷兰 Elsevier Science 数据库收集跨国并购案例及数据。在系统总结现有理论成果的基础上指出需要探索研究的理论领域和区间，从而明晰探索目标的理论价值。笔者根据每一章探索主旨的指引，对已有的学术成果进行系统的阐述和剖析。文献分析方法的主要作用是深入理解并购过程中的现象，为之后的研究做好理论铺垫，并构建案例研究中的理论框架，以展开案例研究。

（二）案例研究法

本书研究的重要议题有两个，一个议题是，寻找存在于中国民营企业跨国并购过程中的特征及异质性特征。从之前的分析来看，学术界目前对于中国民营企业跨国并购的特征及异质性特征的系统研究并不多，因此需要基于"立地—顶天"的研究范式，通过对中国民营企业跨国并购过程中的案例研究构建适用于中国本土的民营企业跨国并购特征理论，从而回答中国民营企业跨国并购的特征及异质性特征是什么的问题。另一个重要议题是，为什么会有这些特征，这属于回答为什么问题的范畴，因此适用于案例研究方法。案例研究是一种研究策略，其焦点在于理解某种特定情境下的动态过程。Yin 认为案例研究适合回答"怎么样"和"为什么"的问题[12]，能够基于现有成熟的理论，并使用多种资料调查和探索现实世界中复杂现象的本质和规律。案例研究作为一种重要的实证研究方法，其作用主要表现为两个方面，其一可以对所构建的理论进行验证，以增强对已有理论的理解，其二可以通过案例分析产生新的理论，这也是案例研究最为重要的作用[13]。

跨国并购的复杂性远远高于普通的国内并购行为[14]，跨国并购活动往往会对包括组织架构、企业文化、生产、销售、采购等几乎所有企业元素产生深刻的影响，而且跨国并购是一个长期连贯的动态过程，企业从开始有意愿进行跨国并购行为到实施跨国并购交易直至对并购目标整合结束往往需要数年甚至十余年的时间。考虑到跨国并购的复杂性和长期性，以及研究的目标是扎根于跨国并购过程构建理论，本书使用了较多的案例研究方法。例如，第四章使用了多案例研究，

第五章和第六章使用了单案例研究。本书各章节使用的研究方法如表 1.1 所示。在进行案例研究时，遵循"确定研究问题—制定案例研究方案—收集案例信息—案例信息分析—研究结论对比"的研究流程[15]。本书期望通过全面分析民营企业跨国并购的过程发现中国民营企业跨国并购的特征、异质性特征及生成机理。

表 1.1　研究方法

章节		研究方法
第四章	第三节	多案例探索研究
	第五节	对比研究
第五章	第三节	单案例探索研究
	第五节	对比研究
第六章	第三节	单案例探索研究
	第五节	对比研究

为了保证案例信息的客观性和研究结论的科学性，笔者有计划、有目的地通过多种途径采集案例信息和数据，具体的一手数据信息收集方法有观察法与访谈法。观察法的任务是收集中国民营企业跨国并购驱动、交易、整合阶段所处的环境及交易网络组建，整合行为的描述性数据收集。使用观察法客观地描述所参观到的事件而非人为参与其中影响事件进程，在研究过程中笔者采用内部观察（以企业内部员工的身份加入正在实施的并购驱动、交易、整合行为）和外部观察（以第三方人员的视角查看驱动、交易、整合阶段）混合使用的方法，在实际调研时以膝式计算机作为辅助记录工具，具体观察的对象是实施过跨国并购的大型民营企业中的各个阶层管理者及普通员工，被并购企业的管理者及员工，以及参与并购的第三方中介机构成员。观察法无法了解企业进行跨国并购的文化、个人思想及其他隐性信息，笔者采用可能获得隐性信息的访谈法来进行企业日常生活的数据收集，希望通过访谈法获得关键人物或团体的设想、认知、知识、交流、冲突等资料。笔者使用膝式计算机作为主要工具来速记受访者的主要观点。为了可以从多角度收集不同背景和不同阶层关键人物的信息，笔者主要以开放式访谈及半封闭式访谈的形式对不同对象进行实地访谈：①开放式访谈。开放式访谈的对象为企业核心管理层，如集团高级副总裁、副总裁，成熟市场及新兴市场总裁，以及负责生产、销售、人力资源、财务、信息等关键事业部经理。此外笔者还访谈了作为企业主要执行层的中层经理，因为中层管理者是并购交易的执行者和建议者，是并购的最大信息载体。为了全方位地收集信息，考虑到被并购者的反应将会很大程度影响到并购的结果，笔者还着重访谈了被并购对象中的美籍和欧籍高级管理人员，这些外籍管理人员可以从被并购者的角度提供相关的信息，这有助于全方位的收集相关的数据。对高级管理人员采用个人访谈形式，为了使访谈所

得到的文本数据准确，笔者尽量使用访谈者的母语进行交流，对中国受访者使用汉语进行交流，对外籍管理者多使用英语进行交流。②半封闭式访谈。半封闭式访谈是在会谈前预先拟定提纲，按照一定的思路及顺序进行访谈。半封闭访谈的对象主要是跨国并购的一线工作人员，包括直接负责并购的总负责人、并购交易的并购方和被并购方的谈判代表、帮助并购交易和整合的中介公司负责人及负责并购交易和整合的各个部门负责人。这些参与并购的一线工作人员来自企业的各个层面，并且是直接参与并购的人员，对并购所有的过程有着切身的体会，是跨国并购最关键的信息载体。具体的访谈流程是：首先制定出访谈内容表，其次根据受访者的背景和国籍制定相应语言进行讨论的内容。在访谈正式开始前与访谈对象进行背景介绍、安排访谈地点，在访谈过程中以问答的形式具体讨论访谈内容以期获得访谈目标的真实想法。笔者参考麦尔斯（Miles）提出的定性数据分析的基本方法[16]，对所得数据进行梳理。将所得定性数据按照并购发生的逻辑顺序分为并购驱动、并购交易、并购整合三个维度。具体是在分析和观察数据时，将所得数据按时间、地点、人物、起因、行为、过程、结局七要素进行内容约简，基于约简的结果，将数据分别放入并购驱动、并购交易、并购整合三个维度中，然后对三个维度的数据按事件顺序及因果关系等内容做出分析。数据分析时，先按三个维度将案例割裂开进行单独分析，再将有关系的案例突破维度的限制进行交叉汇总分析。

（三）比较研究法

比较研究法是对事物的相似性或相异程度的研究与判断的方法。比较研究法可以理解为根据一定的标准，对两个或两个以上有联系的事物进行考察，寻找其异同，探求普遍规律与特殊规律的方法[17]。通过比较研究能够帮助人们认识各种社会现象的异同，把握其实质与规律性[18]。因为中国民营企业跨国并购特征生成的机理所受制约因素甚多，并且与中国特殊的文化、政治、经济环境有较为密切的联系，所以通过比较研究的方法可以避免任意选择个别条件去孤立地解释中国民营企业异质性特征生成的机理。通过比较研究的方式将案例研究所得到的中国民营企业跨国并购特征与西方企业同阶段的跨国并购特征进行对比，以跨国并购同一阶段为标准将民营企业与西方企业跨国并购特征按可以比较的方式进行排列，从而得出中国民营企业异质性的跨国并购特征，这为进一步深入挖掘这些异质性特征生成机理奠定了良好的基础。

值得注意的是，研究所聚焦的案例大部分集中于2010年前，在2010年前中国民营企业跨国并购的案例较少，所能采用的公开资料也较为缺乏，笔者根据力所能及收集的数据及资料选择了以探索性案例研究方法为主体，辅以文献分析法和比较研究法的研究方式对民营企业跨国并购案例进行了初步的探索性研究。而 2015 年之后，民营企业跨国并购的数量迅速增长，也呈现出更加多元化的趋势。更多的服务行业、互联网行业的民营企业加入跨国并购的行列中。随着民营企业跨国并购的案例增多，公开的媒体报道、股市相关的公开数据也随之出现增长。越来越多的股市及媒体的公开数据使得难以实现的统计分析研究方式成为可能，因此笔者认为在未来的研究中可以逐步加入更多的研究方法，如利用股市的公开数据进行统计分析的实证研究方式从多角度对中国民营企业跨国并购的特征进行新的探索。此外，新兴的服务行业民营企业与互联网行业民营企业跨国并购是否具有新的特征仍然需要进一步研究，因此，在未来的研究中，随着所具有的信度与效度的数据增多，笔者需要进一步以统计分析研究为主体，辅以案例研究的方式来进行深入的创新性或验证性研究以增加研究结论的信度与效度。

二、技术路线

技术路线如图 1.2 所示。

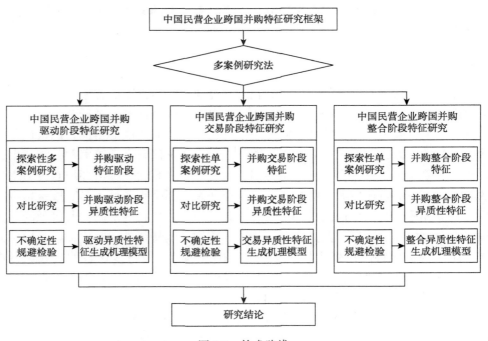

图 1.2　技术路线

第四节　创　新　性

本书聚焦于中国民营企业跨国并购过程，在通过对民营企业跨国并购驱动、交易、整合阶段进行分析的基础上系统总结出民营企业跨国并购特征群、异质性特征群，并通过将中国文化情境融入研究从而构建中国民营企业跨国并购异质性特征生成机理模型，具体有如下三点创新性的研究工作。

（1）初步探索出中国民营企业跨国并购的特征群，为未来深入探索中国情境下的企业跨国并购特征理论提供了理论参考。目前的研究显示，中国民营企业在跨国并购过程中缺乏足够基于中国情境的理论支撑，主要依据西方企业跨国并购的特征或相关理论制定并购战略，因此对目标企业的评估往往缺乏足够的科学性和合理性，对并购后的各种风险缺乏科学的评估和判断[19]。笔者认为缺乏中国情境的理论支撑的原因在于跨国并购的全过程持续的时间较长，加之相关企业为保守秘密所设置的条款使并购全过程的案例数据很难被外界获得。此外，中国民营企业参与大型跨国并购的历史仍然较短，学者们难以取得足够丰富的民营企业跨国并购全过程的相关案例数据来进行研究，因此，目前聚焦于中国民营企业跨国并购特征的研究大多数针对民营企业跨国并购的某一阶段，如驱动阶段或整合阶段。笔者参与了数家大型企业跨国并购的驱动、交易、整合的全过程，因此具有获得跨国并购全过程相关文本数据及与并购企业高层访谈以获取高信度的案例数据的有利条件，从而可以进行中国民营企业跨国并购全过程的特征研究。笔者力图在分析中国民营企业在跨国并购全过程中的表象构成和影响因素的基础上，初步探索产生于中国本土情境下的民营企业跨国并购特征群。

（2）初步探索出区别于西方企业的中国民营企业跨国并购异质性特征群，为未来进一步研究中国民营企业跨国并购理论提供了一定的方向性借鉴。随着中国国际化程度不断提高，中国民营企业跨国并购与以往西方企业跨国并购相比较呈现出新的特点。中国民营企业跨国并购大多数属于"以小打大""以弱吃强"的逆向跨国并购类型[20]，而非西方企业的"强吃强"或者"强吃弱"的顺势跨国并购类型。在初步探索出中国民营企业跨国并购的驱动、交易、整合特征之后，将探索成果与西方成熟的跨国并购驱动、交易、整合特征理论进行对比，得出中国民营企业区别于西方企业跨国并购的各个阶段的异质性特征，从而初步探索出中国民营企业跨国并购异质性特征体系。

（3）通过构建驱动阶段的无形资源导向型跨国并购驱动特征模型、交易阶段的经验导向型跨国并购交易特征模型和整合阶段的能力缺失型跨国并购整合特征模型，总结提炼出中国民营企业跨国并购异质性特征的生成机理模型。中国社会文化和情境的特殊性导致中国的现代化道路和市场转型与西方有很大差异，因此成形于西方的跨国并购理论模型无法很好地解释中国民营企业跨国并购的异质性特征生成机理，需要笔者将民营企业跨国并购的实践进行深入细致地分析之后与中国本土的相关情境进行结合研究，这样才有可能得出契合中国管理与文化情境的跨国并购异质性特征生成机理。依托中国情境，结合国家文化维度模型下的不确定性规避理论，采用扎根于中国民营企业"土壤"的田园式研究方法深入民营企业跨国并购的全过程，通过系统总结各个阶段的异质性特征生成机理和不确定性文化之间的关系，分别构建驱动阶段的无形资源导向型跨国并购驱动特征模型、交易阶段的经验导向型跨国并购交易特征模型、整合阶段的能力缺失型跨国并购整合特征模型，从而总结出驱动、交易、整合阶段的跨国并购异质性特征生成机理，并尝试将这三个阶段的特征模型进行整合提炼，进而建立基于中国本土情境的中国民营企业跨国并购异质性特征生成机理模型。研究所得的模型不仅可以揭示中国情境的影响因素与民营企业跨国并购异质性特征生成机理的传导关系，还可以为中国跨国并购研究提供相关理论支撑。

第五节　本　章　小　结

随着经济全球化的发展，中国民营企业更多地选择以跨国并购或建立分公司的形式直接参与国际市场的竞争，中国民营企业跨国并购的步伐随之加快。伴随着中国民营企业跨国并购步伐加快，中国民营企业对跨国并购的特征分析需求日益增长。中国民营企业跨国并购所处的特殊情境及缺乏大量并购案例数据积累的现实情况使得对中国民营企业跨国并购的特征体系研究处于比较匮乏状态，尤其是学术界对中国民营企业的跨国并购异质性特征生成机理的研究处于空白状态，因此，如何结合目前的民营企业跨国并购全过程，分析出民营企业跨国并购的异质性特征理论系统及其生成机理，从而指导民营企业实施跨国并购，成为学术界、企业界需要共同解决的问题。

基于以上现状，笔者试图依靠目前已有的跨国并购理论基础，通过对中国民营企业跨国并购全过程的研究，对中国民营企业跨国并购的驱动、交易、整合这三个关键阶段的分析，分别得出中国民营企业在驱动、交易、整合阶段的特征，同时与西方发达国家企业跨国并购的驱动、交易、整合特征进行对比，得出中国民营企业异质性驱动特征、异质性交易特征和异质性整合特征，并尝试建立中国民营企业跨国并购异质性特征生成机理模型和阶段性异质性特征生成机理模型，以便对中国民营企业的特征体系做出较为可靠的解释。

第二章　理　论　回　顾

　　跨国并购理论是在企业并购理论和跨国直接投资理论基础上产生的[7]。跨国并购是由跨国公司推动的一种战略投资行为，从理论上研究这种投资行为具有双重性，即它既是一种外国直接投资行为[10]，又是一种并购行为。它具有国际直接投资和企业并购的双重特点。最早产生跨国并购业务的欧美发达国家的学者首先注意到这一特殊的企业国际化模式。欧美学者对跨国并购的研究从企业并购和跨国直接投资双重角度进行，如邓宁将跨国并购作为对外投资的一种特殊形式进行研究。经过数十年的研究，欧美学者的研究产生了大量有价值的理论，如国际生产折衷理论（eclectic theory of international production）、协同理论、价值低估理论等，这些理论成为解释欧美企业跨国并购现象的经典主流理论，随着 20 世纪 80 年代日本对美国企业的跨国并购热潮兴起，特别是进入 21 世纪后，中国、印度等国的跨国并购行为越来越多。欧美发达国家跨国并购研究结论已经不能完全适用于解释非欧美发达国家的跨国并购现象和行为，这使得学术界对跨国并购的研究开始偏向从技术追赶、区域优势等逆向投资经济学的角度进行研究，如日本学者小岛川通过研究发现美国与日本的跨国并购投资具有不同的特征，他通过对比日本与美国企业在实践中不同的跨国投资流程，从而提出了边际投资理论。这是亚洲学者首次尝试基于本国情境研究的专门适用本国企业的跨国并购投资理论，而非直接采取套用西方理论或将西方理论本土化的方式解释本国的跨国并购行为。随着中国企业跨国并购的兴起，中外学者对具有不同文化、不同国家制度的中国企业产生了兴趣。学者们将研究或聚焦于中国企业本身的所有权、并购导向、组织架构等微观元素，或聚焦于中国社会文化、国家战略、制度等宏观元素。一部分中国学者取得了有价值的研究成果，如崔永梅通过研究中国大型企业对于战略资源的跨国并购分析认为，中国国有企业的跨国并购与国家资源战略有着不可分割的联系，张秋生通过专门研究技术导向型跨国并购认为，技术导向型跨国并购的主要风险集中于战略制定、企业估价和支付、整合阶段。总体而言，目前针对中国企业跨国并购的研究大多数仍然是采用西方通用的跨国并购理论来解释中国企业跨国并购的现象，而扎根于中国本土情境的研究相对而言并不多，为此本章将详细阐述跨国并购特征研究的相关概念界定及理论发展路线，从而为具体研究做好理论铺垫。

第一节　中国民营企业跨国并购的概念界定

关键理论概念叙述的模糊性和非一致性会为深入研究带来很多困难。因此，本章需要用可以避免含糊性同时又可以做到普适性的方法来界定研究的关键概念。这些关键概念可能在不同的研究领域中不断地重复出现，在具体的研究中，因为研究侧重点和视角、理论范畴，甚至国家、地区不同都会对概念的理解产生差异，所以赋予清晰的解释可以帮助本书建立逻辑一致的理论，未经其他特别说明，后续章节涉及的关键理论概念均以下述说明为准。

一、并购的概念界定

并购是兼并（merger）和收购（acquisition）的总称，是指两家或者更多的独立企业合并成为一家企业，并且由一家占有优势的企业吸收一家或更多的企业[21]。

（一）兼并的概念界定

兼并分为吸收兼并（consolidation merger）和新兼并（statutory merger），吸收兼并是指两个或两个以上的企业通过法定方式重组，重组后只有一个企业继续保留其法人地位；新兼并一般是指两个或两个以上的企业通过法定方式重组，重组后原有企业均不再保留其法人地位，而是另外组建一家新的企业[22]。

（二）收购的概念界定

收购是指企业用现金或其一般等价物购买另一家企业的部分或全部资产或股权，以获得该企业的控制权。在收购的具体行为中，收购资产和收购股权具有不同的法律效应。收购股权是购买一家企业的股份，收购方将成为被收购方的股东，因此要承担该企业的债权和债务；收购资产则仅仅是一般资产的买卖行为，由于在收购目标公司资产时并未收购其股份，收购方无须承担其债务[23]。

（三）兼并与收购的异同

兼并和收购在实质上都是一种企业产权的交易，在许多企业兼并和收购的操作过程中，很难对二者进行区分。在国外，兼并和收购往往都是作为一个固定的词组来使用。但是为了能更详尽地了解企业兼并和收购各自的特征，第一节从法律、过程、责任三个方面对二者的差异点进行比较。

从法律形式来看，兼并可以使企业的多个法人合并成为单一法人，兼并之后的企业法人既可能是兼并之前的法人之一也可能是全新的一个法人；而收购并没有改变法人的人数，但改变了被收购企业的产权所有权。

从过程来看，兼并一般是并购双方在谈判后进行宣布，因为兼并方的行为普遍被认为是善意行为，所以兼并的举动在经过各方的权力部门批准后才会向外界声明，而且在企业兼并中，兼并方不必透露太多的细节。相对应地，在收购开始阶段和中间阶段并购方都要向有关审批部门进行申报。如果涉及跨国并购，则需要向多个国家的审批部门进行申报。在欧洲联盟（以下简称欧盟）、中国、美国等国家和地区，当收购规模可能达到垄断指控的标准时，双方需要将收购计划呈交政府机构的相应部门进行审批。此外，在企业收购中，收购方要向相关部门更新收购的价格等信息，如中国的相关法律法规规定，任何法人或自然人直接或间接持有一个上市公司发行在外的普通股达 5%时，应该从持有日起 3 个工作日内，向该公司、证券交易所和中国证券监督管理委员会（以下简称证监会）做出书面报告。以后当持有该种股票的增减变化达到此股票发行在外总额的 5%时，也需要在期限内向相关部门报告。通过证券交易所的证券交易，投资者持有一个上市公司已发行股份的 30%时，继续进行收购的，必须向该上市公司所有股东发出收购要约。而且收购人应该向证监会和证券交易所呈交上市公司收购报告书[24]。

从所承担的责任来看，在兼并之后的企业要承担被兼并企业的所有债务，在企业兼并中，兼并后兼并企业即成为被兼并方企业资产的新所有者和债务承担者，兼并导致资产、债权、债务的一并转移，兼并方要承担被兼并方的全部债务，被兼并企业的整体资产归入兼并企业，被兼并企业不再作为经济实体存在，因此责任承担主体就是存续企业。而在企业收购中，收购方作为被收购方的股东，其债务偿还则是以控股出资的比例为条件的，收购企业作为被收购企业的新股东与被收购企业的股东一起承担被收购方的债务。收购企业作为被收购企业的新股东之一，其连带债务责任仅仅以控股出资为限。

然而，从学术意义上来说，兼并与收购的内涵较为相似。兼并和收购的目标同为获取被并购企业的资源为己所用，从而增加企业的资源和能力，增强企业的竞争力，因而西方学术界通常并不明确区分二者的使用名称，而是统称为 M&A。本书对中国民营企业跨国并购的分析使用的也是不加区分的"并购"这一概念。对于中国目前市场配套机制还不完善、政府管制比较严格的跨国并购市场而言，使用较为宽松的并购概念，无疑能更加清楚地得到并购现象下的支撑理论[25]。

二、跨国并购的概念界定

与并购相比，对跨国并购的界定是在对企业并购分析的基础上加入"跨国"这一因素的分析。这一概念是由企业国内并购及跨国公司概念引申而来，跨国并购是跨国兼并和跨国收购的总称，是指一国企业为了达到某种目标，通过一定的渠道和支付手段，购买另一国企业的所有资产或足以行使运营活动的股份，从而取得对该企业的经营控制权。跨国并购涉及两个或两个以上国家的企业，其中"一国企业"是并购企业，可称为并购方，"另一国企业"是被并购企业，也称为被并购方[26]。

由于这种跨国并购活动涉及两个或两个以上国家或地区的企业，因而它的内涵及其对经济发展的影响与国内并购相比更为复杂。一方面并购方为了获得更大国际市场份额进行跨国并购活动，另一方面由于跨国并购直接牵涉东道国民族情绪，通过保留目标企业原有法律实体，改变产权结构能缓解这种民族情绪，同时又能达成战略目的。对于非跨国企业来说，企业可以通过跨国并购后形成跨国公司，从而形成跨国公司的三个主要特征，即经营的跨国性、战略共享及战略联盟。因此，近年来，跨国并购成为企业国际扩张的主要渠道，相较于在东道国新设立分公司，跨国并购的成功概率更大[27]。

三、民营企业的概念界定与特点

（一）民营企业的概念界定

民营企业是中国独有的一种经济概念，是中国经济政治体制更替的产物。民营企业这个概念在西方发达国家的理论中并不经常被提及，因为这些国家经济制度的基础是私人财产所有制，与私人财产所有制相一致的是私有企业制度。在这些国家中，私营企业就是经济活动的主体，涵盖了其国民经济的绝大部分[28]。中国现有的官方文件中未对"民营"进行过准确的界定，学术界对中国民营企业大致有两种定义，一种将所有的非公有制企业全部定义为民营企业，《汉语大词典》将"民营"解释为"民间经营"，即非政府经营[29]。另外一种是学术界目前主流的定义，即将公有制和外资全资及控股企业排斥在民营企业定义之外，如杨懿将民营企业定义为：产权为中国公民私人拥有的，由中国公民实际控制或由其运营的各种组织形式并且为中国经济内生的企业[30]。杨京京将民营企业定义为：产权由自然人或民营性质法人投资设立，并且不由国家直接或间接掌握支配权的企业。这个界定范畴将中国境内的外资企业等排除在外，但包括了以私营企业为主体的混合所有制企业[28]。综合以上研究内容，本书选取学术界主流的概念阐述作为研究界限，即将民营企业概括为非国有企业和非外资控股的中国内生企业。

（二）中国情境下的民营企业特征

中国学者对民营企业和国有企业在生存环境、发展历史、融资现状等诸多方面进行了对比研究。通过研究，中国学者发现与国有企业相比较，民营企业具有资产与收入的约束性、创新性强和竞争性强三个特征。

1. 资产与收入的约束性

2010 年，在中国企业 500 强中，国有企业在数量、营业收入、资产总额上占有绝对优势地位，分别占比 63.2%、82.82%、90.4%，而民营企业处于劣势地位，分别占比 37.8%、17.18%、9.6%。中国最大的民营企业华为集团的营业收入不及中国最大的国有企业中国石油化工集团公司的 1/10[31]。从企业的利润上来看，中国三大国有石油企业和五大国有银行，这八家国有企业的净利润之和，是中国 500 强企业中所有 184 家民营企业利润总和的两倍[32]。中国民营企业在资产和收入上相较于国有企业具有较大的劣势。

2. 创新性强

与民营企业的资源与收入的弱势性相对应的是，中国民营企业在创新方面却是主要的贡献力量。根据统计，2010 年民营企业在申请专利、技术创新和产品创新三个方面分别占专利、技术创新、产品创新总量的 65%、75%、80%[33]。各个数据都大大超过具有资源和收入优势的国有企业。对此中国部分学者通过案例及实证的方式给出了自己的解释。江诗松等通过对中国汽车行业的民营企业和国有企业对比研究发现，由于国有企业在资源获取和能力构建之间的协同上要弱于民营企业，因而创新能力发展速度也低于民营企业[34]。兰玲通过分析中国 16 家民营企业的创新性发现，中国民营企业具有强烈的创新意识、拥有创新的企业文化、设立专门的研发部门、自主创新的投入逐年提高、重视企业自有科技人才的培养、坚持学研相结合的创新方式、更注重科技成果的转化这七大特点[35]。

3. 竞争性强

民营企业所处环境的竞争残酷性要大大高于国有企业，这种竞争残酷性主要源于行业限制性和融资限制性两个方面。一方面，大多数中国民营企业为制造业、IT（internet technology，互联网技术）产业、服务业等产业，而类似于石油、电信等特殊行业只允许特定的国有企业进入，并且现行法律法规中对个体、私营企业经营的行业、商品和经营方式的限制过多，导致民营企业相较于国有企业所处环境竞争激烈。另一方面，私营企业融资的难度较大也导致民营企业所处环境竞争激烈，"大银行"和"小企业"之间的不匹配使得信息问题、成本问题、抵押问题成为民营企业向银行贷款的障碍。近几年民营企业的融资方式选择出现了一些变化，部分大型民营企业随着自身实力的增长，开始弱化银行贷款意愿而倾向于直接融资，随着银行在激烈的竞争中纷纷推出吸引大客户的信贷营销策略，部分大型民营企业甚至开始向银行主动提出融资条件，如要求优惠利率等。但在中小民营企业融资中银行依旧是强势的卖方市场，银行以缺少足额抵押品拒绝与中小民营企业合作，而中小民营企业在自筹资金困难又无直接融资可能的情况下，表现出对银行信贷融资的高度依赖，这使得中小民营企业融资陷入极度困境[36]。

在以上对企业并购、跨国并购及民营企业阐述的基础上，本书认为中国民营企业跨国并购是指中国民营企业为了某种目标，通过一定渠道或支付手段，将外国企业的一部分甚至全部份额的资产或股份购买下来，从而对后者的资源实现部分或全部控制，进而达到并购目标的经济行为。

第二节　关于跨国并购的相关理论研究

通过对中外文献的梳理发现，目前大部分对跨国并购的研究或是基于企业本身的微观视角，或是基于国家或行业的宏观视角，或是针对跨国并购的某一特定阶段。因此，第二节将回顾国内外基于微观、宏观的跨国并购的重要理论及文献。同时为了契合研究的过程主题及特征视角，笔者将回顾学者对于跨国并购过程所进行的工作及针对中国企业跨国并购特征所产生的研究成果，并且对与研究关系密切的相关不确定性规避理论进行梳理与总结。

一、基于企业微观视角的跨国并购理论

（一）协同理论

从企业组织出发的理论研究中最有影响的是协同（synergy）理论，这一理论是对多种跨国并购理论的综合与创新。协同理论是指通过并购使得并购后企业的获利能力大于并购前原来企业盈利能力之和，也就是所谓的"1+1>2"的效果[37~39]。大多数中外学者对于跨国并购协同的研究主要从管理协同（managerial synergy）、经营协同（operational synergy）、财务协同（financial synergy）这三个角度来进行。

1. 管理协同

管理协同理论又被称为效率差异化理论（differential efficiency）。该理论一般用来解释横向跨国并购行为，即并购方跨国并购同一行业中的同类型企业的经济

行为。管理协同主要是指通过跨国并购而实现的管理溢出效应及所带来的盈利增加。管理协同的主要研究点在于并购方的剩余管理能力与被并购方的非管理资本的合并，以及并购方与被并购方能否通过管理协同的实现而达到收益的增加[40]。具体而言，并购方对具有低于行业平均水平或未充分发挥经营潜力的被并购方进行并购。并购方有比被并购方更有效的管理层，并且懂得如何改善被并购方的经营业绩，在经过跨国并购之后，并购方通过输出剩余管理资源而使得被并购方的效率提高，从而使并购后企业的整体效率水平提高。目前管理协同理论主要应用于解释横向跨国并购，因为行业和企业的专属管理资源之间的不可分性是管理协同效应的来源[41]。一般来说，跨国并购方的剩余管理资源只有输入同行业的同种类型企业中才具有效果，如美国整车生产企业并购韩国整车生产企业时，美国整车生产企业的管理经验、市场经验才可以输入韩国整车生产企业，从而有可能使得韩国整车生产企业的生产效率提升。而如果美国整车生产企业并购他国食品企业或服装企业，则美国整车生产企业的管理经验和市场经验的输出对于该企业可能是无效的，无法帮助对方企业提升效率，因为美国整车生产企业的资源在其他类型的企业并不适用。在学术界，部分西方学者对管理协同理论提出了质疑[22]，这是因为管理协同理论的前提在于被并购企业的股东无法更换他们的管理者，必须通过代价高昂的并购来更换无效率的管理者，但在企业管理实践中，大部分的企业则是通过董事会直接更换管理者来提高管理效率而非并购行为。

2. 经营协同

经营协同理论多用来解释横向跨国并购与纵向跨国并购行为，即并购方跨国并购同一行业中的同类型企业和上下游企业的经济行为。其内涵为协同改善了公司的整体经营能力，从而提高了并购后企业的效益，这其中包括产生的优势互补、全球市场份额扩大及成本降低[42]。在并购的研究中，学者们认为经营协同效应是通过横向、纵向并购实现合并之前两公司单独运营所无法实现的规模经济[43]。在企业并购行为中，人员、设备、企业的一般管理费用及经营费用等生产成本具有不可分性，根据边际成本和平均成本的理论，当其平摊到较大单位的产出时，单位产品成本会降低，因此通过并购活动可以实现较高的产出，通过规模经济的作用可以相应提高并购后企业的利润率。而在跨国并购的研究中，学者们认为经营协同效应是通过横向、纵向并购实现合并之前两公司单独运营所无法实现的技术、市场的优势互补。本国企业可以通过跨国并购获得在本国无法得到的外国企业的技术、市场渠道、经验、知识，从而实现经营协同效应[44, 45]。因为某些技术、经验、渠道需要特定的时间和环境进行积累，本国的企业很难通过跨国并购以外的手段获得，所以需要采用跨国并购的方式最终获得。例如，吉利为了获得本国无法取得的先进的汽车变速器技术及研发能力并购了全球第二大变速器生产厂商

DSI。

3. 财务协同

财务协同理论主要是指跨国并购对企业财务方面带来的影响效果，这是由于会计方法、税务方法及证券交易等内在规定的作用而产生的一种货币上的收益[46]。财务协同理论主要覆盖了并购行为在财务方面的三种影响效果，第一是纳税影响，第二是资金使用影响，第三是股票价格影响。纳税影响是指盈利能力高的并购企业并购市场前景预期较好但具有较大的累计亏损额的企业，并购后企业可以利用亏损递延条款冲抵合并后企业利润，使并购后的企业纳税额度得以降低。资金使用影响是指并购企业可以将企业的剩余资金投入被并购企业急需使用资金的项目，从而提高资金的使用效率。股票价格影响是指因并购行为使证券市场对企业股票评价发生改变而对股票价格发生影响。在跨国并购的实务中，财务协同一般只是跨国并购的从属结果而非主要结果，因为财务协同的效果需要在并购发生之后才可以通过公司的公开报表显示出来，并且现实中几乎没有哪个企业单纯地为了产生财务协同效果而选择跨国并购行为[47]。

（二）代理理论

代理理论（agent hypothesis）是建立在现代企业所有权与管理权分离的基础之上、从企业的实际管理者个人的角度出发来解释跨国并购现象的理论。代理理论包含代理理论分支与过度自负理论（hubris hypothesis）分支。这两个分支虽然都聚焦于企业管理者的行为，但在解释其产生机理时有着较大的差别。

1. 代理理论分支

代理理论认为，当企业的实际管理者只拥有企业股份的一小部分时，便会产生代理问题。只拥有一小部分股份较易使企业管理者缺乏管理的积极性，或导致管理者追求个人奢侈的福利而非以企业利益为第一，这些奢侈生活的成本将由企业而非企业的代理管理者承担。并且在所有权极为分散的大公司中，单个的企业所有者没有足够的动力来监督管理者行为[48]。代理理论认为跨国并购是由并购方的管理者个人兴趣引起的[49]。为作为企业拥有者的股东们工作的企业管理者并不占有企业，而是股东们所拥有企业的代理人。企业管理者与企业拥有者的兴趣点并不总是相同。部分企业管理者感兴趣的是，随着并购的增加，个人管理权限、管理范围及收入的增加[50]，而企业拥有者感兴趣的是，随着企业利润的增长所带来的股票价格的增加。企业管理者即使知道进行并购所付出的代价超过被并购企业所值的价格，也会进行并购而满足其管理权限、管理范围及收入的增加，而不是首先考虑企业拥有者的股票价格利益。英国学者 Canyon 对 1945~1990 年英国

170 家企业进行的研究表明，销售额、董事薪酬和并购次数三者之间表现出显著的正相关关系。因此管理者可能为了个人收益，以及稳固自身的位置，进而选择进行并购交易[51]。

2. 过度自负理论分支

过度自负理论由 Roll 在 1986 年提出，该理论认为并购所能实现的主要原因是并购方管理者由于野心、自大或过分骄傲，在对潜在目标企业进行估价时犯了过分乐观的错误。过度自负理论认为，企业管理者因信息不对称及过分自信等错误的判断而对目标公司做出高于当前市场价值的估价，并达成跨国并购行为产生[52]。与代理理论不同的是，过度自负理论建立在管理者错误判断的基础之上而非主观上有意为之，在企业的实际并购业务中存在着企业管理者的过度自信使得并购产生了较高的溢价，这使得在某些情况下管理者过度自信水平与并购企业股东的财富损失之间表现出显著的正相关关系[53]。过度自负理论在跨国并购中也被称为赢者诅咒（winners curse），这是因为在实际的跨国并购中，会有很多家企业作为出价者对被并购企业进行多次竞价，在这种竞拍的环境中很难对被并购企业做出一个准确的价值估量，所以成功竞拍到并购资格的企业往往会付出比预期高得多的价格。在这种情况下的并购企业被形容为"被诅咒的成功者"，因为并购企业付出的价格比被并购企业真实的市场价值高了许多[54]。

（三）多元化理论

多元化理论（pure diversification theory）又被称为资本组合理论，该理论主要用来解释混合跨国并购，即并购其他行业的企业的跨国并购。多元化理论起源于 20 世纪 70 年代的并购兴起时期，那时的并购多以跨行业的混合并购为主。多元化理论认为，市场具有不确定性，企业因市场不确定性增加的管理成本和产生的新风险可以通过多元化经营降低的市场风险来弥补。通过多元化并购，企业经营的领域扩大了，但新的领域与原来的领域存在着较小的相关性，这就使得企业选择在不同的领域进行经营。如果企业在某个领域的经营面临损失时，它在其他领域取得的收益则可以弥补企业在这个领域的损失，从而降低整个企业的经营风险。多元化理论认为，通过外部并购方式的多元化，优于企业自身发展所达到的多元化。部分学者认为，并购是多元化经营最为快捷的实现方式[55]。多元化理论的兴起也与跨国公司将非主导产业或者对公司业绩贡献不大的资产分割转让有着很大的关系，以欧美企业为主的跨国公司通过重新调整资产结构来提高主导产业资产质量，或者将经营业务转移到更有前途的市场上去。在 20 世纪 80 年代初的全球经济衰弱期，资产剥离交易也随之增加。据统计，在 20 世纪 80 年代，资产剥离的并购交易占所有并购交易的 35%以上[56]。

（四）价值低估理论

价值低估理论（under valuation theory）是由 Hannah 和 Kay 提出的。价值低估理论认为，当目标企业股票的市场价格并不能反映出其真实价值的时候，就有可能会引发企业的并购交易。由于被并购公司的价值是否被低估一般通过 Q 值来判断，该理论又被称为 Q 比例理论。Q 值是企业所具有的市场价值和企业中资产的重置价值的比值。Q 值的大小与企业被并购的概率存在负相关关系，Q 值越低，企业被并购的可能性越高。

1998 年，Pedro 等在欧美跨国企业并购行为的研究中证明了跨国并购的发生原因之一是目标公司价值被低估。Pedro 等以 1981~1990 年发生的 76 起跨国并购案例为研究对象，应用 Q 值来研究价值低估学说对跨国并购活动的适用性。通过先建立并购可能性对数模型（logarithmic model），之后以并购目标企业的会计核算价值为基础，进而以新增固定资产、科技发展带来支出缩减率等为自变量，得出公司的重置成本，并用公司的上市市值代表其实际市场价值。Pedro 等的研究结论表明：并购目标企业的 Q 值和被并购的可能性存在负相关关系，Q 值越高则被并购的可能性越低；并购企业 Q 值同其实施并购可能之间存在正相关关系，即该企业 Q 值越高就越有可能进行跨国并购[57]。除此之外，价值低估理论还认为，市场参与者过分强调短期的经营业绩，会使得具有长期投资计划的企业的价值被低估。对于拥有大量自由资源的投资者或企业来说，投资或并购交易就具有很大的吸引力。

价值低估理论提供了一种新思路来进行目标企业的选择，其关键是对目标企业价值的正确评估。但是价值低估理论无法解释在 21 世纪初期全球经济快速发展、股票价格高速增长，但世界并购市场依旧保持积极态势的现象。

基于企业微观视角的跨国并购理论总结如表 2.1 所示

表 2.1　基于企业微观视角的跨国并购理论

视角	理论	内容
企业组织视角	管理协同理论	理论解释横向跨国并购行为,通过跨国并购实现的管理溢出效应及所带来的盈利增加
	经营协同理论	理论解释横向跨国并购与纵向跨国并购行为,通过跨国并购实现单独运营所无法实现的规模经济
	财务协同理论	理论解释跨国并购对企业财务方面带来的影响效果,通过跨国并购而产生的财务、税务的货币收益
企业管理者视角	代理理论	理论认为部分企业管理者感兴趣的是随着跨国并购的增加,个人管理权限、管理范围及收入的增加
	过度自负理论	理论认为企业管理者因错误的判断而对目标企业做出高于当前市场价值的估价从而产生跨国并购行为

视角	理论	内容
其他企业视角	多元化理论	理论主要用来解释混合跨国并购，认为市场具有不确定性，企业因市场不确定性增加的管理成本和产生的新风险可以通过多元化经营降低的市场风险来弥补
	价值低估理论	理论认为，当目标企业股票的市场价格并不能反映出其真实价值的时候，就有可能会引发企业的并购交易

二、基于国家宏观视角的跨国并购理论

和基于企业微观视角的跨国并购研究角度不同，基于国家宏观视角的研究角度不是从企业的管理者、协作等微观元素进行，而是从国家、地区等宏观角度进行。比较有代表性的有邓宁的国际生产折衷理论与小岛清的边际产业理论。

（一）国际生产折衷理论

国际生产折衷理论由邓宁（Dunning）提出。该理论认为任何国际直接投资的发生必须由三个方面的因素同时决定，即从事海外投资的企业必须同时拥有所有权优势（ownership advantage）、区位优势（location advantage）和市场内部化优势（internalization advantage），这就是跨国公司海外直接投资的 OLI 模型。因为跨国并购也属于跨国公司海外直接投资范畴，所以国际生产折衷理论也是跨国并购的主流理论之一。

国际生产折衷理论通过吸收与创新金融理论和生产理论等各种直接投资理论，将国际生产、国际贸易、跨国并购等多种国际直接投资方式的理论结合起来。国际生产折衷理论对包括跨国并购在内的跨国投资做出全面的、总体的一般性解释。该理论可以概括为，对外直接投资等于所有权特定优势、内部化特定优势、区位特定优势的总和。换言之，一个企业从事国际直接投资，主要是由三个基本因素决定的，即所有权优势、区位优势和内部化优势。所有权优势是指一国企业拥有或者能够得到的别国企业没有或难以得到的生产要素禀赋，这些所有权优势具体包括技术优势、管理优势、规模优势、无形资产优势等。内部化优势是指企业将拥有的所有权优势在内部使用所带来的优势，即企业为避开外部市场机制的不完全性，选择对外直接投资的方式，将所有权优势经过内部市场转移给国外子公司，从而取得更多收益。区位优势是指投资区域所具有的优势，包括投资目标国所拥有的自然资源、基础建设及国家文化、政体的优势。区位优势是投资方无法进行改变但可以进行选择的因素[58]。

邓宁（Dunning）以国际生产折衷理论为基础，又专门针对跨国并购进行了理论研究，认为跨国并购是为了国际扩张而进行的一种对外直接投资。企业从事跨

国并购主要以资产扩张和市场需求为目标[59]。如果企业以资产扩张为目标，企业就要进行跨境扩张来获得知识和资源的扩张以提高竞争力。如果企业以市场需求为目标，企业就会寻求在新的环境中利用企业的所有权优势，使得它们和当地企业相比更具竞争优势[60]。在跨国并购的过程中可以同时实现这两个目标[61]。

国际生产折衷理论对影响包括跨国并购在内的对外直接投资活动的各种因素进行了综合考量，不仅分析了对外直接投资的条件，还分析了对外投资的目标，因而对各种类型的对外直接投资行为具有更普遍的适用性。但是由于该理论的实证研究立足于欧美发达国家的私人跨国公司，并以公司追求利润最大化为前提假设，因此在解释国有跨国公司的对外直接投资方面显然缺乏说服力[62]。对于中国企业来说，邓宁的研究结论都是以欧美企业跨国并购的数据或案例为研究基础，这虽可以解释西方企业跨国并购等对外投资行为，但是否可以解释中国及印度等国家的企业跨国并购行为则有待商榷。

（二）边际产业理论

边际产业理论又称边际比较优势理论，是日本学者小岛清（K. Kojima）针对日本企业跨国并购及对外投资案例过程提出的跨国投资理论。小岛清将日本的对外直接投资与美国的对外直接投资过程进行了对比并得出相应的结论。通过国家与国家之间的对比，小岛清得出相对于美国的日本对外投资的异质性特征。第一，在投资次序上，日本对外直接投资的产业按照边际产业的顺序进行，将国内已经丧失了比较优势的产业逐次向国外转移。这种方式不仅可以帮助东道国具有比较优势的产业发展，又能使产品销售到世界市场，而美国对外输出的多是在本国正处于优势的产业。第二，在技术等级上，日本向东道国输出与其技术差距较小的产业，而美国输出的产业与东道国存在巨大的技术差距。第三，在投资形式上，日本海外生产的组织形式以合资企业和合作企业为主，美国的对外直接投资则主要采用独立的独资企业形式。通过对比日本和美国两国的对外投资过程，小岛清提出了边际产业理论，该理论的核心内容是，国家对外投资的顺序应该从已经或即将处于比较劣势的产业开始对外直接投资[63]。

小岛清对于跨国投资的研究具有两点较为突出的创新。第一，与前人对跨国并购及跨国投资的研究不同，小岛清对于跨国投资的主体国家采取了较为明确的限定，他的研究主要针对日本的企业跨国投资行为而非泛指所有的国家。小岛清深入日本企业跨国投资过程实践，取得了较为可靠的一手数据。第二，小岛清采用了鲜明的对比方式，将美国与日本企业跨国投资行为在投资次序、技术等级、投资形式上进行了较为清晰的对比，得出了日本与美国跨国并购投资的不同行为差异，并找出了相对于美国而言，日本跨国投资的三个异质性特征。这两种创新的研究方式使得小岛清的研究结论具有较强的情境感及比较性，为未来针对某一特定国家情境的跨国投资或并购研究提供了一条新的思路。

以上基于企业微观视角及国家宏观视角的研究给予笔者一定的启示。基于企业微观视角的理论主要从企业组织、企业管理者等企业本身的视角来解释企业为什么发起并购，以及这种并购可能会对企业造成什么样的影响。微观理论解释了横向、纵向、混合跨国并购类型，并从财务、管理者等角度对跨国并购进行了深入解释。相较于企业的微观视角，基于国家宏观视角的研究更为全面地将企业所处的外部环境因素变量考虑进研究中，这样的研究理论成果更系统、更为学术界和企业界所接受。尤其小岛清将日本企业跨国投资过程的研究方式设定为单独针对某一国家的企业作为研究对象，而非将所有国家的企业混杂在一起，并且小岛清在研究中引入了比较基准，首次将亚洲国家与美国进行了全面对比，将日本企业跨国投资与美国企业跨国投资进行了关键点比较，从而得出日本企业跨国投资的异质性特征，进而得出对外投资的边际产业理论。基于国家宏观视角的跨国并购理论如表 2.2 所示。

表 2.2　基于国家宏观视角的跨国并购理论

视角	理论	内容
国家宏观视角	国际生产折衷理论	理论认为跨国并购是为了国际扩张而进行的一种对外直接投资，企业从事跨国并购被认为是为了资产扩张和市场需求
	边际产业理论	理论认为一国对外进行直接投资是从该国已处于比较劣势的边际产业顺序开始，通过边际产业转移，投资国与东道国的贸易量得到了增加，国际分工的格局得以合理化

三、基于过程视角的跨国并购理论

并购过程就是并购方为什么和通过什么样的方式来达到控制或拥有目标公司[64]。目前针对并购过程的研究存在狭义和广义两种分类，狭义的并购过程专指并购交易过程，是包括尽职调查（due diligence）、谈判、估价之类的交易过程。广义的跨国并购过程涵盖的范围更广，一般将并购交易之前与并购交易有关的行为和影响因素纳入并购过程中。

（一）狭义的跨国并购过程

狭义的跨国并购过程研究专注于并购交易过程的流程或交易过程中的某一因素，如交易的审查、交易的谈判，并不包括并购之前的驱动阶段和并购之后的整合阶段。迈克尔·弗兰克尔（Michael E. S. Frankel）在《并购原理》中详细阐述了并购交易的流程，包括确定范围、尽职调查、估价、正式拍卖等，并描述了各个过程中企业应进行的步骤和应注意的细节[65]。斯坦利·福斯特·里德

（Stanley Foster Reed）和亚历山德拉·里德·拉杰科斯（Alexandra Reed Lajoux）在《并购的艺术：兼并 收购 买断指南》中也介绍了计划并购、寻找目标、评估目标、目标定价、融资伙伴选择、签证协议等全流程[66]。交易过程的研究主要聚焦于交易过程中较为复杂和困难的部分，如交易中的尽职调查、政府管治、私募融资等。这些部分不仅过程烦琐，而且每一部分都对跨国并购交易的成功起着重要的作用，如企业需要通过尽职调查来详细了解被并购企业的真实状况，从而保证并购的成本与收益成正比。政府管治可能会导致政府对并购交易的反对和禁止。融资的成败与否将会决定企业是否拥有足够的资金进行并购。亚历山德拉·里德·拉杰科斯和查尔斯·M.埃尔森在《并购的艺术：尽职调查》中介绍了执行尽职调查进行的方式、所担负的任务及需要调查的文件[67]。颜湘蓉对跨国并购中涉及的董事会审批、交易的利益倾向和董事会在并购中的任务进行了系统阐述[68]。卫新江通过对欧盟和美国在并购审批制度上的程序、内容等方面的内容进行了系统性的总结和对比，进而对中国企业并购制度进行了建议[69]。

通过对以上狭义跨国并购过程的文献梳理，可以看出，一方面，狭义的跨国并购过程研究是针对跨国并购交易过程研究，并且这些研究从并购交易的实际操作出发为企业跨国并购的行为提供具体的指导。另一方面，狭义的跨国并购过程研究并未将并购交易前的驱动行为和并购交易后的整合行为纳入整个并购过程。即使专门针对跨国并购交易的研究，也很少得出跨国并购交易的特征，因此，这种研究并不完全也缺少学术上的价值。

（二）广义的跨国并购过程

更多的学者将并购交易之前的驱动阶段和并购交易之后的整合阶段纳入并购的过程，如萨德·苏达斯纳（Sudi Sudarsanam）将并购过程分为战略发展、并购统筹、交易体系和谈判、并购后整合、并购后组织化学习五个阶段[70]。这种区分实际上是将并购前的驱动战略和统筹与并购中的交易谈判、并购后的整合学习进一步进行了区分。闵剑将跨国并购过程分为决策阶段、运作阶段、整合阶段。他将并购之前的内部评价、可行性分析、备选方案等行为归为进行跨国并购决策阶段[20]，将外部评估价值、支付、融资等行为归为并购运作阶段，将组织结构重组、优化配置资源等行为归为整合阶段。许南通过对金融业跨国并购的研究，将跨国并购分为并购前的调查阶段、并购中的实施阶段、并购后的整合阶段。他认为在调查阶段的主要任务是规避国家风险、防止风险、对并购的可能性进行分析，在实施阶段的任务是实现并购成本最小化，在整合阶段的任务是为了实现流程再造，提高企业的经济绩效[26]。佟常兵将并购的过程分为并购动机的提出、寻找匹配的并购目标、聘请中介机构、尽职调查与估值、并购交易模式的设计、融资与实施交易、并购后的整合。他认为企业并购过程的逻辑是企业因为某些因素促使企业行成并购的动机，而动机形成后会促使企业寻找匹配的并购目标，在找到匹配的并购目标后，企业需要聘请中介机构进行尽职调查与估值等过程，经过初步的交易可行性分析后，如果交易可行，需要进行交易模式的设计、融资的准备与交易的实施。如果交易成功，还需要在交易后进行整合[71]。

　　如前文所述，虽然学者们对广义的跨国并购过程区分阶段不尽相同，但大体上来说还是首先通过并购交易行为将并购前的驱动行为和并购后的整合行为结合成为一个有机整体，其次根据行为发生的时间点，以并购交易为标志进行阶段性的划分。与狭义的跨国并购研究相比，广义的跨国并购研究覆盖的范围更为全面、更能体现跨国并购过程的全貌，并且广义的跨国并购研究更多是出于学术目的，对跨国并购过程现象下的本质和目的进行了较为系统的总结。但和狭义的跨国并购研究一样，目前针对广义的跨国并购研究也缺少对跨国并购过程各个阶段特征的总结，尤其对于中国企业的阶段性特征进行专门总结的研究更少。因此，广义的跨国并购过程研究仍需要通过进一步地挖掘阶段性的特征来完善。广义的跨国并购过程的流程如图 2.1 所示。

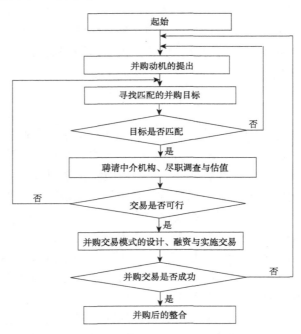

图 2.1　广义的跨国并购过程的流程

第三节　中国企业特征视角的跨国并购文献回顾

目前针对中国企业跨国并购特征的研究大部分并不区分企业的所有属性，而是将中国企业作为一个整体进行研究。其中一部分研究会依据中国社会的外部环境进行，包括文化、政治等环境，而另一部分研究则会根据企业所处的行业进行，如金融行业或港口行业等。

一、中国企业跨国并购特征文献

里光年通过研究中国、巴西等发展中国家的跨国并购发现，以中国为代表的发展中国家在跨国并购时有如下特征：首先，大部分的发展中国家的并购是非资本型的跨国并购，中国等发展中国家在并购时资金短缺，往往需要本国政府给予资金上的支持才可以完成跨国并购。其次，政府支持的跨国并购占据重要地位，对于中国等发展中国家而言，由于其国内最有实力可以进行跨国并购的大企业往往有着很强的政府背景，即使不是国有企业也往往与政府有着千丝万缕的关系。因此这些企业往往会在政府的支持下执行一些国家战略层面上的收购。再次，这些进行并购的企业往往缺乏系统的并购战略。中国等国家的企业实施跨国并购的历史较短，且很多企业的跨国并购具有一定的"机会主义"倾向，在并购过程中也缺乏一套系统的并购战略及相应人才上的智力和经验支持[72]。程新章和胡峰通过分析跨国公司进入国外市场的决策机制，得出跨国公司最优的进入方式决策非线性地受到市场竞争激烈程度的影响，当市场竞争激烈程度弱时，新设投资是最优方式，当市场竞争激烈时，跨国并购是最优方式[73]。葛顺奇通过研究 2012~2013 年发生的中国企业跨国并购案例时发现，中国企业跨国并购过程中具有央企占据重要地位、大型并购项目突出、绕道并购成为主要渠道、独资化倾向明显、自有资金成为主要来源、并购地区较为集中这六大特点[74]。

姜秀珍和徐波通过分析美国外资投资委员会（Committee on Foreign Investment in the United States，CFIUS）调查联想与 IBM 并购交易的案例后认为，不仅应该建立经济安全预警与监督机制，还应加大政府支持与协调力度，完善跨国并购中的政府职能定位[75]。单宝认为，必须深刻认识中国企业跨国并购的战略目标及在此基础上的区位与产业选择，才能达到优势互补、增强企业竞争力的目的[76]。罗群在分析了中国企业跨国并购的历史之后得出中国企业的跨国并购特征是国有企业在跨国并购主体中占据主导地位，他认为中国对跨国并购的政策环境仍处于从完全管制到逐步放开的进程，特别是在项目审批、外汇使用、金融担保等方面，国有企业仍具有先天的优势，国有企业在跨国并购上更容易得到国家政策的支持，而且大型国有企业跨国并购的行业以自然资源为主，集中在石油、天然气、矿产等领域。大部分大型国有企业跨国并购的动机主要表现为获取各种能源和自然资源[19]。

马建威通过对比西方企业跨国并购的历史后，得出中国企业跨国并购的特征是：中国企业跨国并购规模较小，跨国并购以横向并购为主，并购主体以国有大型企业和私营高科技企业为主，并购的目的主要是获得资源、资产、品牌、市场和技术等结论。他通过研究发现中国企业并购案中只有少数案例的并购金额达到了联合国贸易和发展会议认定的大型跨国并购规模（大于 10 亿美元）。大多数跨国并购体现了并购战略上的一致性，都是以横向并购为主。中国的一些大规模的并购活动都有政府的身影，并且并购目标具有明显的产业分布特征，即多数跨国并购案例集中于资源密集型产业和技术密集型产业[77]。张伟捷和郭健全通过使用 Logit 模型，分别从正式及非正式的角度探讨了制度距离对中国企业跨国并购区位选择的影响并得出结论：中国企业总体倾向于进入制度距离较大的国家，并且偏好选择正式制度距离较大的发达国家和正式制度距离较接近的发展中国家进行投资[78]。

还有一部分学者按照行业维度将企业进行分类，将研究集中于某一个行业的中国企业跨国并购特点，如港口业、金融业等。这种研究的角度也多从国家和行业的宏观角度进行。李国锋总结出中国港口业跨国并购的特点包括政府介入程度深、投资类企业和金融资本比重高。由于港口属于特殊的全球物流资源，收购世界重要位置的港口对于中国整体发展具有战略意义，进行海外港口收购的中国公司或多或少都会得到国家给予的协助，同时中国投资类企业及金融资本在港口并购交易中所占比重较高[79]。

许南运用实证研究的方式对中国金融企业跨国并购案进行研究得出，中国金融业跨国并购的行业范围多集中在银行业，因为进行跨国并购的主体几乎清一色的是四大国有商业银行，中国银行业中四大国有商业银行的实力占据绝对的优势。从地理分布上看，中国金融业跨国并购多集中在亚洲且又多集中在中国香港，从全球布局上来看，地理分布严重失衡。中国的金融业跨国并购具有偶发性、零散性的特征。从战略上来看，中国金融业是被动地参与跨国并购。这些特征使得中国金融业欠缺竞争战略的宏观规划和视野，从而缺乏能力为跨国并购战略和流程进行规范且有效的计划与实施[26]。中国企业跨国并购特征研究文献总结如表 2.3 所示。

表 2.3 中国企业跨国并购特征研究文献总结

研究角度	特征内容	研究者
国家	非资本型的跨国并购；政府支持型的跨国并购；缺乏系统的并购战略	里光年
	跨国公司最优的进入方式决策非线性地受到市场竞争激烈程度的影响	程新章、胡峰
	央企占据重要地位、大型并购项目突出、绕道并购成为主要渠道、独资化倾向明显、自有资金成为主要来源、并购地区较为集中	葛顺奇
	国有企业在跨国并购主体中占据主导地位；并购区域集中在能源和自然资源领域	罗群
	并购规模较小；跨国并购以横向并购为主；并购主体以国有大型企业和私营高科技企业为主；并购的目的主要是为了获得资源、资产、品牌、市场和技术	马建威
	中国企业总体倾向于进入制度距离较大的国家，偏好选择正式制度距离较大的发达国家和正式制度距离较接近的发展中国家进行投资	张伟捷、郭健全
行业	港口业并购政府介入程度深；港口业并购中投资类企业及金融资本比重高	李国锋
	金融业并购的主体为四大国有商业银行；并购区域集中在亚洲且又多集中在中国香港；跨国并购具有偶发性、零散性的特点；缺乏系统性的规范和指导	许南

二、基于所有制视角的中国跨国并购的特征对比研究

少量以企业所有制为视角的研究对比了国有企业及民营企业作为不同性质的企业在规模、挑战、目标等方面的差异。从并购规模来看，现阶段中国企业跨国并购的主要力量为国有企业，或者控制人为国有企业或国资委[7]。2004 年 1 月至 2009 年 11 月，中国完成的 172 起金额在 5 000 万美元以上的跨国并购交易中，81% 是由国有企业完成的。2008 年 1 月至 2009 年 7 月，在中国企业发起的跨国并购中，国有企业完成的并购金额占全部并购金额的 85%[80]。特别是中国石油天然气集团有限公司、中国铝业集团有限公司（以下简称中铝集团）等大型中央直属企业具有雄厚的资金实力，并且在融资、政府关系方面具有民营企业不曾拥有的特定渠道，因此中国的国有企业在跨国并购时更容易得到银行及政府在资金和审批上的帮助。然而也正是因为国有企业的这种优势条件使得国有企业在跨国并购时比民营企业更容易受到非经济因素的干扰，如中铝集团在并购全球著名矿业公司——力拓矿业公司时，遭到力拓矿业公司所在国澳大利亚政府的强烈反对。澳大利亚政府以国家安全为名对该项交易金额达 195 亿美元的跨国并购进行了阻止，最终导致中铝集团跨国并购失败[81]。

中国民营企业作为并购主体在近年来的跨国并购市场表现活跃。虽然交易金额和交易规模不及国有企业，但是民营企业管理理念较为先进，管理方式也比较灵活，民营企业的实力在不断壮大，成为参与跨国并购的重要力量[43]。近年来中国民营企业在跨国并购时也同样受到较多的政治审查，甚至也出现了以安全为名而被否决的案例，如华为 2011 年并购美国 3Leaf System 公司时因美国政府的否决而失败，但由于民营企业和政府的联系与国有企业相比并不紧密，在跨国并购时

反而成为民营企业的比较优势，相对而言，欧美国家的政府及企业对中国民营企业的亲和度要高于所有权为中国政府的国有企业。

在并购目标的选择上，国有企业和民营企业同样也有较大的差距，国有企业的并购目标较集中于能源、矿产等战略物资企业。民营企业的目标则呈现多元化趋势，涉及生产制造、IT 等多个领域。2008~2009 年，中国国有企业发起的跨国并购中对矿产资源与传统能源类企业的并购占国有企业总交易额的 92.8%。国有企业海外并购的重心在于确保中国经济发展所需的能源、矿产等战略性资源保持稳定的来源渠道，而同期民营企业发起海外并购 33 起，并购交易金额达 30 亿美元，这些并购主要集中在 IT 和半导体、传统制造、互联网、生物医药和清洁能源等高科技行业[82]。国有企业与民营企业在并购目标上的巨大差距与双方的战略使命有着很大关系，国有企业除了盈利之外还担负着保障国家战略资源安全的使命，因此并购目标集中于传统资源产业。而民营企业主要对企业股东负责，需要确保股东的盈利目的，因此并购目标需要紧密联系企业本身的盈利战略。

除了以上规模、挑战、目标的特征研究之外，近年来针对并购主体的研究还涉及治理结构领域，韩鹰东认为国有企业自身的治理结构是其参与海外并购难以进一步发展的根源[83]。一方面，中国国有企业自身具有的较为复杂的治理结构导致在跨国并购中会遇到来自各个层面的烦琐的审批，而在跨国并购领域中机会稍纵即逝，很多较好的并购项目由于在自身的审批和审查中浪费了太多的时间而失去机会。另一方面，民营企业由于自身治理结构相对简单且灵活，较国有企业而言容易抓住较好的并购项目，因此从治理结构领域而言民营企业在跨国并购中占有优势。基于所有制的中国企业跨国并购特征总结如表 2.4 所示。

表 2.4　基于所有制的中国企业跨国并购特征总结

企业类型	并购规模	非经济因素挑战	并购目标	公司治理
国有企业	中国跨国并购的主体力量，规模较大	易受到非经济因素干扰，所受挑战较大	集中于战略性资源行业	复杂的治理结构易使企业失去跨国并购的好时机
民营企业	中国跨国并购的新兴力量，规模较小	易受到并购方和审查方的信任，所受挑战较小	呈现多元化趋势	灵活的治理结构帮助企业抓住跨国并购的好时机

三、中国企业跨国并购特点研究的新发展

近年来对于中国企业跨国并购特点的研究开始有朝向特定并购类型发展的趋势。王寅在研究中国技术获取型跨国并购时，发现大部分的技术获取型的跨国并购都呈现出资源相似性弱、资源互补性强的特点。他认为中国并购企业与西方被并购企业在技术与管理上均有差距，同时中西方国家间的制度环境差异也较大，因此中国企业技术获取型跨国并购的资源相似性较弱[8]。作为并购方的中国企业

一般拥有资金、成本优势和中国广阔的市场，这与作为被并购方的拥有技术和管理优势的西方企业更容易形成较强的资源互补性。

通过对中国民营企业跨国并购特征的研究总结，可以看出目前针对中国民营企业跨国并购特征的研究区分了中国国有企业和民营企业跨国并购的特征，并提出部分较有意义的理论研究结论，为进一步深入研究中国民营企业跨国并购的特征打下了较好的理论基础。但目前的研究较为零散，大多数的研究只针对企业并购的某一阶段，或只针对企业的某一外部或内部元素进行，并没有针对某一企业的整个广义跨国并购过程来细致筛选特征。目前的研究过于针对国有企业，如前文所述，国有企业只是中国企业跨国并购的主体之一，单一研究国有企业的跨国并购无法全面体现出中国民营企业跨国并购特征。国有企业跨国并购具有浓重的非市场经济色彩，且并购经验与效率都无法与西方发达国家企业相比。从全球范围来看，进行跨国并购历史最久、数量最多、规模最大的是西方跨国企业，而中国民营企业在国际市场上的主要竞争对手也是这些西方企业，因此选取西方企业作为对比基准与中国民营企业进行对比所得出的特征才更具有现实意义。以上研究可以看出对于中国企业跨国并购特征的研究已经有了较为突出的一些成果，这些研究成果提炼出一系列中国企业跨国并购特征并做出了部分的解释，但目前的研究存在以下一些问题。

首先，已有的研究虽然对目前中国企业跨国并购特征进行了部分解释并取得了一定的研究成果，如叶建木的双轮驱动模型对跨国并购的决策驱动力进行了探索性研究。但目前的研究在全面系统调研影响中国民营企业跨国并购特征形成因素之间的关系，以及影响因素与特征形成的传导关系方面的成果并不多。缺少相应的影响关系与特征之间的理论及模型会使得中国企业在制定跨国并购战略及政策时缺少理论依据及参考。

其次，目前针对中国企业跨国并购特征缺乏足够的对比，并且没有统一的比较基准。特征是事物本身与众不同之处，这就意味着针对特征的研究应有统一的基准进行对比才可以总结真实的特征。例如，小岛清为了研究日本企业对外投资的特征运用了与美国企业对外投资的特征进行系统对比的方式。目前学术界缺乏针对中国企业跨国并购特征进行系统对比的研究，即使有少量进行对比的研究也较为凌乱，并没有选取令人信服的比较基准，这导致这些研究无法形成完整的中国企业跨国并购特征体系进而指导中国企业跨国并购实践活动。

最后，研究虽然部分解释了中国企业跨国并购的特征，但这些解释并不够深入，尤其是这些解释并没有揭开导致中国企业跨国并购与西方企业跨国并购不同的异质性特征存在的"黑箱"，也就是这些异质性特征的生成机理。为什么只有中国企业在进行跨国并购时会有这些特征，而其他国家，尤其是西方发达国家的跨国并购却不存在这些特征？目前的研究并未对此进行详细解释，且目前的研究仅聚焦于企业并购的某一单独的过程，如驱动过程或战略实施过程，而并非将跨国并购的全过程展示出来，以便根据完整的跨国并购过程来寻找出不同阶段的不同特点。这也使得目前相关研究并不完整。

第四节　国家文化维度模型中的不确定性规避理论

一、国家文化维度模型

国家文化维度模型是由荷兰文化协会研究所所长吉尔特·霍夫斯泰德（Geert Hofstede）为了区分不同国家的文化特征而提出的。霍夫斯泰德用 20 种语言，从文化层面收集了中国、美国等 40 个世界主要国家的包括各个阶层人士在内的共116 000 份调查问卷用以实证分析。根据研究成果，霍夫斯泰德认为文化是在一个环境中的人们的共同的心理程序，是具有相同的教育和生活经验的许多人所共有的心理程序。不同的群体、区域或国家的这种程序互有差异。这种文化差异可分为四个维度：权力距离（power distance）、不确定性规避、个人主义与集体主义（individualism versus collectivism）、阳刚性与阴柔性（masculine versus feminality）。国家文化维度模型将国家间文化差异的概念具体量化，设定各指标最高值为 100，中等值为 50，低于 50 的数值表示该指标较弱，高于 50 数值的则表示该指标较强[84]。中国在模型中的指标得分分别是：权力距离得分 89，不确定性规避得分 32，个人主义与集体主义得分 39，阳刚性与阴柔性得分 54。中国不确定性规避得分32，低于 50 分的标准值[85]。这表明中国社会处于较弱的不确定性规避文化中。霍夫斯泰德对弱不确定性规避文化的解释为：该文化对不确定性防范程度较低，倾向避免在陌生的环境下冒险，容忍较为模糊的环境[86]。

国家文化维度模型的主要理论贡献是将国家文化这一抽象的概念具体数值化，并将不同的国家文化按照维度框架进行差异量化处理，从而为国家文化这一抽象化概念提供较为统一且易于衡量的基准。由于不同国家、人群对于文化的理解并没有相应的统一基准，尤其在国际化领域中，不同国家的研究者对于相同的文化现象、背景及生成机理会有不同的理解，这为深入剖析国际化现象背后产生的机理带来了挑战。国家文化维度模型通过为不同国家文化提供相同的维度比较基准，并且将不同国家的文化背景作为数值化的参考变量引入研究中，可以帮助学者有效辨识理解不同文化之间的差异内涵及衍生行为，因此，国家文化维度模型为研究国际化现象提供了有效的研究工具，为深入剖析民营企业跨国并购异质性特征生成机理提供了帮助。

二、不确定性规避理论

不确定性规避是国家文化模型中衡量国家文化特征的重要指标。不同国家在不同情境（如文化情境或社会情境）下对不确定性情景的规避程度会有所不同[87]。不确定性规避是不同的社会人群以不同的方式对不确定性做出的反应倾向。在企业中不确定性规避是指组织在制度管理和沟通中的不确定性规避[88]。在人类社会中，社会对于不熟悉、不确定及未知的情境都会感受到或多或少的压力，从而采用不同的方式进行应对，如沿用熟悉的方法来处理未知问题、制定严格的社会法律条文及公司规章制度、限制极端的思想及行为、追求真实存在的事物、努力获得专门的知识等来降低不确定性。不同民族、国家或地区防止不确定性的迫切程度是不一样的。霍夫斯泰德以不确定性规避指数 UAI（uncertainty avoidance index）来衡量各个国家对于不确定性规避的强弱，霍夫斯泰德将研究中使用的调查问卷中的"健康状况""感受不安频率""管理者的认同度""规章制度的认同度"等相关问题作为主要自变量，所采用的计算公式为 $UAI=40（m20-m16）+25（m24-m27）+C（ua）$。其中，m20 为问卷中的健康状态，m16 为工作中感受不安的频率，m24 为"不对下属在工作中遇到并提出的每个问题都做出精确回答的管理者是一个好管理者"问题的认同度，m27 为对"公司或组织的规章不应被打破，即使员工认为打破规章能获取组织的最大利益"的认同度，C（ua）为常数[89]。不确定性规避指数最高得分为 100 分，50 分为中间值，如果得分低于 50 分则表明该国家为弱不确定性规避文化，高于 50 分则表明该国家为强不确定性规避文化。按照霍夫斯泰德的定义，弱不确定性规避文化认为生活中有不确定性，对事物的发展与变化持积极的态度，人们有一种强烈的创新意识。弱不确定性规避文化中的人们不喜欢受正式规则的限制。人们愿意不断寻找新的做事方法，认为任何事情"一定会有更好的方法"来完成，而强不确定性规避文化则反之[90]。

中国与西方主要国家的不确定性规避指数如表 2.5 所示。

表 2.5　中国与西方主要国家的不确定性规避指数

国家	不确定性规避指数	不确定性规避程度
中国（不包括港、澳、台地区）	32	弱不确定性规避文化
俄罗斯	90	强不确定性规避文化
法国	86	强不确定性规避文化
西班牙	86	强不确定性规避文化
意大利	75	较强不确定性规避文化
德国	65	较强不确定性规避文化
美国	48	中等不确定性规避文化
加拿大	48	中等不确定性规避文化

按照霍夫斯泰德的国家文化维度模型研究成果，中国文化的不确定性规避指

数得分为 32 分，低于 50 分的中间状态，属于弱不确定性规避文化。按照霍夫斯泰德的解释，处于弱不确定性规避文化中的人群对不确定性的容忍度较高，善于应对非结构性的情境，在生活和工作中容易接受不确定性，并可以容忍这种不确定性的情境。在社会生活中，弱不确定性规避文化的国家倾向于非结构性的情境，因此对于规章制度的把握较为模糊，倾向于模糊化解决存在的问题。在弱不确定性规避文化中，人们通常信任经验和关系，而且战略问题常常被人们认为是非结构性问题，解决这样的问题通常比处理日常问题具有更大的模糊性。弱不确定性规避文化的国家可能在基础创新上很好，却不擅长将这些创新转化为产品和服务。基于对不确定性规避的概念界定，与西方相比，中国文化对规章制度的依赖性差，面对陌生环境的不确定性不敢冒险，同时对各种不公平的容忍度较高。强不确定性规避文化中，人们倾向于结构化的事物，对可以保证结构化结果的规章、制度、流程较为重视。在强不确定性规避文化下的企业中，管理者不喜欢模糊不清的事物，而倾向于精确化和正规化的操作和管理。人们在工作中比较倾向具有技术含量的解决方案和流程，而非依靠关系和经验。在强不确定性规避文化的国家，管理者更喜欢正式的组织结构、严格和详细的指导、事先制定好的规则，认为吸收新的知识是有风险的，因此强不确定性规避文化中的人不愿意接受激烈的变化[91]。强弱不确定性规避程度的文化差异表现如表 2.6 所示。

表 2.6　强弱不确定性规避程度的文化表现差异[92]

弱不确定性规避程度的文化表现	强不确定性规避程度的文化表现
倾向容忍模糊和混乱	倾向精确和正规
倾向于非结构性事物	倾向于结构性事物
在陌生环境中不愿冒险	对不公平的容忍度较低
倾向信任经验和关系	倾向信任解决方案和流程
管理者关注战略	管理者关注运营
新品牌较多	新品牌较少
倾向决策过程	倾向决策内容
管理者受制度的约束相对较少	管理者受制度的严格约束
不善于将研究转化为产品和服务	善于将研究转化为产品和服务

三、中国学者对于不确定性规避理论的文献回顾

中国学者使用不确定性规避理论进行的研究并不多，以"不确定性规避"为关键词在 CNKI 进行搜索的结果为 26 篇文章，剔除非国家文化维度模型所定义的不确定性规避理论，所得篇数为 16 篇。邸燕茹运用权力距离和不确定性规避理论，研究中西方企业在工作绩效中的差异。她得出欧美国家所具有的弱权

力距离和强不确定性规避文化的背景在工作中带来尊卑平等、信任流程，倾向通过规章制度规避不确定性等特征，而且西方高绩效工作系统是以参与和承诺为导向。中国社会所具有的弱不确定性规避文化背景导致社会不倾向以结构化的事物（如规章流程）来规避未来的不确定性，企业需要强调制度流程的约束和严格管理等控制型实践[91]。谢冬梅和范莉莉以不确定性规避指数计算模型为基础，采用量表调查的方式研究中德两国在不确定性规避维度上的不同。她们的研究得出，中国人认为不确定性事件的发生具有客观性，人力无法避免，因此中国人能容忍非结构性的情形，在不确定性事件发生后，中国人能灵活地应对。而西方人具有较强的不确定性规避倾向，认为不确定性是必须克服的威胁，并尽可能地采取措施解决不确定性所带来的问题。她们认为中西方文化存在某种程度的相似性。因此在跨文化交流中不能一味地夸大文化间的差异，应该更多地看到文化共性的存在，缩小跨文化交流者的心理距离，促进文化交流[89]。路红涛运用不确定性规避理论对比分析了金融危机下不同国家的银行对待不确定性规避的反应，通过对比不同区域的银行对待金融危机的行为来分析跨区域的文化特征对银行的管理作用[93]。虽然中国学者对于不确定性规避理论进行相关的研究并不多，但研究的角度及方式对本书具有一定的启示。首先，中国学者对于不确定性规避理论的应用大多数聚焦于中西方企业的管理行为特征与文化之间的关系，这为使用不确定性规避理论来解释民营企业跨国并购的异质性特征树立了范例。其次，中国学者使用不确定性规避理论的概念及表象特征来检验中西方企业管理行为的方式，为本书使用不确定性规避理论作为工具来检验中国民营企业跨国并购异质性特征提供了借鉴。

四、不确定性规避理论与中西方跨国并购的评述

中国民营企业跨国并购异质性特征的生成机理是本书的研究重点，因此需要对不确定性规避理论与中西方跨国并购特征的理论关系做出清晰的阐述说明。如前文所述，中国民营企业与西方发达国家企业所处的文化情境上存在显著差异，要想得出中国民营企业跨国并购与西方企业跨国并购的不同特征生成机理需要深入分析中国文化情境对并购的影响。对于跨国并购而言，由于中西方文化存在明显差异，西方企业跨国并购的特征及生成机理并不一定适合中国本土的民营企业。因此，要以中西方文化中较为典型的差异点为视角，深入剖析中国民营企业跨国并购异质性特征生成机理。

霍夫斯泰德对世界主要国家的文化进行了实证分析，得出不同国家文化在不确定性规避上的不同指数，根据不同指数阐述国家文化对不确定性规避程度的反应并做出解释，这使得国家与国家对于不确定性的反应可以被度量，为量化对比

分析跨国并购这一国际行为提供了新的角度与途径。将研究视角聚焦于国家文化模型的不确定性规避理论，主要是由于企业所处的不确定性规避文化环境程度与跨国并购的驱动、交易、整合这些跨国并购关键阶段的关联性较大，能直接影响企业跨国并购的驱动阶段、交易阶段、整合阶段，并能为收集跨国并购异质性特征的生成机理提供直接的证据，而国家文化维度模型的其他几个理论对跨国并购过程并无直接影响，且无法提供较为直接的证据。

　　虽然学者们使用不确定性规避理论研究中国企业的样本数量并不多，但仍带来了一定的启示。学者们或是使用不确定性规避的定义阐述中西方企业文化的区别，或是以不确定性规避理论的开发量表为基础，引入更多的参数研究中西方文化差异对管理行为的影响。这些研究证明霍夫斯泰德的不确定性规避理论适用于对比分析中西方国家不同的不确定性规避文化背景所导致的战略制定、行为方式的不同，而且通过较为成熟的不确定性规避定义及特征表现来解释中国民营企业与西方企业不同的跨国并购异质性特征，可以清晰地表述出中西方企业在跨国并购过程中的特征生成的根本原因，避免模糊的文化定义和度量产生有争议的结果，这也是本书以霍夫斯泰德提出的国家文化维度模型中的不确定性规避理论作为理论基础的重要原因。

第五节　本　章　小　结

　　通过上文对跨国并购概念、特征等相关文献综述可以看出，学者们对跨国并购相关区域不间断地进行了近40年的实践分析与理论探讨，学者们在跨国并购领域进行了较多的实证性和探索性研究，涉及跨国并购的管理者、投资、组织等多个领域，跨国并购相关理论研究取得了很大的进步。首先，学术界对跨国并购的概念、范畴、分类已经有了较为清晰的定义，其次，学者们根据自己的研究需要和研究视角分别从宏观角度及微观角度对跨国并购的管理者、决策、组织、区域影响等领域进行了不同程度的研究和分析，这为其他学者更为深入地研究跨国并购特征的相关理论奠定了一定的理论和实践指导基础。

　　本章对相关理论基础的论述为研究奠定了如下的基础。首先，对相关概念的界定与总结是研究的逻辑起点。本章对并购、跨国并购、中国民营企业的理论的总结，以及对兼并与收购及民营企业的概念的辨析，不仅使理论研究的对象和内容更加明确、清晰，而且也为展示文章的研究脉络做好了铺垫。其次，从企业出发的微观研究视角和从国家出发的宏观研究视角两个方面的研究综述使得对中国民营企业跨国并购研究具有了理论基础。从企业出发的微观研究视角的相关理论主要包括协同理论、代理理论、多元化理论和价值低估理论。从国家出发的宏观研究视角的相关理论主要包括国际生产折衷理论和边际产业理论。基于企业微观视角的跨国并购研究多着眼于企业的行为、管理者、运营等企业日常运作的微观元素。基于国家视角的跨国并购研究则多注重国家、地区、战略等宏观元素。本书希望将中国民营企业跨国并购的研究置于这两种视角中，目的是通过对相关理论的借鉴与吸收，推动理论的演化进展与相关理论观点的导出。

霍夫斯泰德的国家文化维度模型中的不确定性规避理论通过度量国家对于不确定性的反应程度来辨识国家不确定性规避变量与管理行为之间的关系，这为对比分析国与国之间的跨国并购行为特征提供了新的视角与途径。为此笔者将不确定性规避理论引入研究中，通过中西方国家不确定性规避文化的定义及表象阐述，结合中国民营企业跨国并购的实践进行分析，力图扎根于中国情境下揭开中国民营企业跨国并购异质性特征生成的"黑箱"。跨国并购存在着多个阶段，单一的驱动、交易、整合等阶段性宏观及微观理论很难对这种具有复杂生成机理的跨国异质性并购特征做出全面和令人信服的解读。本章对前人跨国并购研究的归纳总结，既可以借鉴已有的研究视野作为对中国民营企业跨国并购研究的基础，也可以直接利用目前学术界的研究成果来作为对比的基础，从侧面帮助分析中西方企业跨国并购的异同性。

本章从跨国并购的概念、企业微观跨国并购、国家宏观跨国并购及不确定性规避理论四个方面对相关文献进行综述整理。其中对于跨国并购概念的相关研究，从并购、跨国并购、中国企业跨国并购三个层次进行相关概念界定，并对学者们从企业微观视角出发的跨国并购理论及从国家宏观视角出发的跨国并购理论和内容作了较为详细的归纳，同时针对跨国并购的过程及前人得出的中国企业跨国并购的特征进行了相应的归纳总结，并指出目前研究的不足。此外基于研究主题与内容，梳理了不确定性规避理论的相关研究内容，为下一步挖掘中国民营企业跨国并购异质性特征生成机理及不确定性规避理论之间的关系进行了理论铺垫。从文献梳理可以看出，根据研究视角及研究对象的不同，跨国并购特征及成因的内涵和构成维度也不尽相同，上述文献总结与归纳对跨国并购异质性特征及生成机理的研究也具有一定的指导意义。

第三章 研 究 设 计

第一节 研究对象的选择

如前文所述，本书研究聚焦于中国民营企业跨国并购的全过程。采用聚焦于跨国并购过程的方式是由研究目标决定的。本书希望探索出完整的跨国并购的特征群、与西方欧美国家不同的异质性跨国并购特征群及生成机理。跨国并购的特征，异质性特征及生成机理都依附于民营企业跨国并购的过程中，这就要求笔者深入跨国并购的过程寻找依附于跨国并购过程的特征。具体而言，选取中国民营企业跨国并购过程作为研究对象主要有以下三个原因。

（1）中国民营企业跨国并购的特征群依附于跨国并购的各个阶段中，如能针对中国民营企业跨国并购的全过程进行研究则可能会完整得出中国民营企业的特征群。在跨国并购过程中，各个阶段民营企业所表现的特征也不尽相同，目前的研究大多数只针对其中的某一特定阶段，如中国学者研究较多的整合阶段。但针对跨国并购的某一阶段的特征研究仅可以得到相关阶段的跨国并购特征，无法形成中国民营企业跨国并购的整体特征群体系，因此，选择中国民营企业跨国并购的全过程作为研究对象则可能得出较为完整的中国民营企业跨国并购特征群。

（2）中国民营企业跨国并购异质性特征的系统性挖掘需要笔者以跨国并购的过程为研究对象。通过回顾小岛清对日本企业对外投资异质性特征的研究发现，需要通过全面对比同阶段的中西方企业跨国并购特征群，才有可能挖掘出中国民营企业自身所异于西方企业的异质性特征群。这就要求笔者将目光放在中国民营企业跨国并购的过程中，在总结出中国民营企业跨国并购特征群的基础之上，通过分阶段与跨国并购的全球主要力量——西方发达国家企业的跨国并购同阶段特征进行对比，具体而言，通过交叉对比中国民营企业和西方企业在驱动阶段、交易阶段、整合阶段各自具有的特征群，得出中国民营企业独特的异质性跨国并购特征。

（3）中国民营企业跨国并购异质性特征的生成机理研究需要选取跨国并购过程为研究对象。目前对于中国民营企业跨国并购的现象，很多学者采取的是将西方的跨国并购理论进行中国本地的适用性改造的方法。但中国特殊的文化等宏观环境及情境本身的宽泛性、多层次性[94]、动态性[95]和独特性[96]，植根于中国文化情境开发的跨国并购理论普适性也需要在了解企业跨国并购全过程之下进行讨论才有意义。没有跨国并购全过程支撑所得到的跨国并购理论会丧失普遍适用性的意义。因此，基于跨国并购全过程的分析才可以得出中国民营企业跨国并购异质性特征的生成机理。

笔者参考学术界对广义跨国并购研究全过程的分类，将并购过程分为驱动阶段、交易阶段、整合阶段。因为驱动、交易、整合三个阶段以交易为纽带将跨国并购的阶段有机地联结起来，并从时间和逻辑上涵盖了整个并购过程，如图 3.1所示。

图 3.1　中国民营企业跨国并购全过程

第二节　研究数据获取

本书依照代表性和数据可得性标准遴选研究对象用以获取数据。目前进行过跨国并购行为的中国民营企业多从事密集型制造产业，如机械制造、电子电器等。为了保证选择的研究对象尽可能地代表中国民营企业的并购特征，且其公开信息或隐藏信息要较易获取，本书在为数不多的案例库中甄选了联想跨国并购案例、中联重科跨国并购案例和吉利跨国并购案例，此三个案例或具有较多的已披露的营业或财务报告，或具有较多的新闻纪实报道，并且自身也是所从事行业的中国民营企业的领导者，符合作为研究对象的条件。本书将联想并购案作为探索性主案例进行研究，将吉利并购 Volvo Car 汽车及中联重科并购 CIFA 的案例作为辅助案例进行研究。采取探索性主案例与辅助案例相结合的研究方式的原因是通过多种数据源的三角验证可以对相同的事件现象进行多重证明，加强信息的精准性及理论的稳健性，从而帮助本书解决构建效度的问题[97]。

一、主案例数据获取

选择联想并购案作为探索性主案例来进行一手数据采集，联想并购 IBM PCD 的案例经历驱动、审批、整合、危机、改组等几乎中国民营企业跨国并购案所有可能涉及的因素，因此非常适合作为中国民营企业跨国并购案的一手数据获取对象。为了更好地获取联想跨国并购过程的一手数据，本书采用观察法和半结构化访谈方式进行一手数据获取。笔者依靠与企业在关系上的"天然优势"和企业的副总裁及以上级别的决策层进行了 5 次正式访谈；与企业的高级经理、总监、行政总监级别的执行管理层进行了 17 次正式访谈；与经理及普通工作人员级别的执行工作层进行了 20 次正式访谈；与美籍、欧籍的外籍管理人员进行了 12 次正式访谈。访谈的对象涵盖了联想的决策层、管理层和执行层，本书希望通过对企业各个阶层背景的成员和不同国家背景的成员进行全面的沟通来减少访谈的主观性误差，从而获得更丰富和更准确的文本数据。此外，为了保证信息的准确性，笔者对所有的访谈进行了录音，以便进行信息的校对。访谈时间跨度为 2007 年 1 月至 2012 年 12 月，访谈时间控制在 120~180 分钟，访谈地点选取在联想北京西二旗北研中心及联想北京上地总部，以面对面访谈的方式来获取第一手数据。在访谈结束后，辅助邮件方式对访谈中不明确的问题进行补充。

为了使访谈可以在有效时间内收集到具有高质量的第一手数据，笔者根据受访者的背景设计了相关的访谈提纲。笔者首先对访谈重点内容进行梳理和初步确定，访谈需要探寻联想在跨国并购过程中所依附的特征、异质性特征及生成机理。围绕这三个方面，笔者设计了访谈提纲的初稿，首先请研究团队中的两位成员列出较为重要的问题，其次进行问题比对与汇总，最后请全体研究团队的成员进行修改，直到问题趋向于一致为止。选择这种访谈大纲的设计方式可以避免单个研究者的片面性理解，可以利用团队合作的方式提高访谈的有效性和问题的弹性。针对不同背景的访谈者，访谈所针对的侧重点亦有所不同，针对企业决策层的问题集中于战略层面，如为什么选择跨国并购的方式来进行国际化发展道路；针对管理层的问题集中于战略执行层面，如所负责部门在并购时遇到的挑战；针对执行层的问题集中于具体细节的流程处理，如跨国并购各个部门的流程是什么；针对外籍受访者的问题则集中于中西方文化的碰撞部分。访谈的交流过程首先是在具体讨论前向访谈目标介绍研究的背景、方向及期望达到的结果，其次询问跨国并购过程的背景、发展过程及关键阶段所具有的特点，如联想在跨国并购过程中经历了哪些阶段及各个阶段经历的最大挑战是什么，并请受访者对其进行较为详细的阐述。为了尽量避免受访者仅谈论正面成功信息而避开相关的失败信息，获得更多真实的一手信息，笔者鼓励受访者叙述在并购过程中遇到的挫折和挑战，并设计了一系列的问题来获取这部分内容，这些问题包括：您在此阶段遭遇的挑战是什么？您是否获得了相关的支持？您采用了什么方式来应对困境？如果再给您一次机会，你还会采用当时的方式或方法吗？在访谈过程中，访谈问题主要集中于事实、事件和直接解释，尽量避免含糊其辞的评论。笔者集中了受访者的真实描述，尽量降低模糊信息对真实数据的干扰。为了保证研究的信度，笔者对回溯性数据进行复查校验以保证访谈对象对于事件的陈述具有真实资料的证明，笔者将每次访谈所记录的原始数据存入专门的数据库中进行保存以便于修改、丰富、核对。为了保证访谈对象可以进行毫无保留的信息交流，笔者对访谈对象的个人信息进行保密处理，从而鼓励访谈对象在访谈期间提供最真实的数据。联想访谈内容简介如表 3.1 所示。

表 3.1 联想访谈内容简介

访谈对象	访谈人次	访谈内容	附属资料
副总裁 高级副总裁	5	并购的驱动力是什么	联想 2002~2012 年报 决策层会议纪要 企业领导人讲话视频
		企业发展遭遇的瓶颈	
		并购战略的选择及原因	
		并购过程中战略层面遭遇的挑战及处理方式	
		中国宏观环境对并购的影响	
		与 IBM 高层管理者的矛盾及处理方式	
		国家和企业文化对并购的影响	
行政总监 总监 高级经理	17	并购过程经历的阶段有哪些	跨部门会议纪要 部门间来往邮件
		战略执行过程中遭遇的挑战及解决办法	
		所属部门面临的困境	
		并购过程中遭遇的挑战及解决办法	
		中国宏观环境对并购的影响	
		与 IBM 交流中遭遇的挑战及解决办法	
		国家和企业文化对并购的影响	
经理 普通员工	20	并购各个阶段的具体流程	部门间会议纪要 团队间会议纪要 个人来往邮件
		并购任务具体执行时遭遇的挑战及解决办法	
		与 IBM 外籍员工交流时遭遇的挑战	
		领导层对并购任务的支持	
		国家和企业文化对并购的影响	

续表

访谈对象	访谈人次	访谈内容	附属资料
外籍管理者	12	中国文化对企业并购的影响	联想内部网站 联想公关部新闻稿件
		中西方文化的碰撞	
		与中方员工沟通时遭遇的挑战	
		对 IBM 及联想的影响	
		并购交易、整合所遭遇的困境及解决方案	

二、辅助案例数据获取

　　本书选择吉利和中联重科的并购案例作为辅助案例，辅助案例的功能主要是从其他行业民营企业的并购来三角验证主案例的结论。选择这两家企业的原因如下：一是吉利和中联重科的案例是中国民营汽车行业和中国民营装备制造业的首次大型并购西方发达国家同类型企业的案例，因此有大量相关二手数据存在，较易采集。二是笔者依托朋友关系通过电话访谈、电子邮件等形式获得了吉利与中联重科的相关资料。吉利和中联重科的二手数据来源于企业网站和公开资料、媒体报道、书籍和期刊。二手资料的收集方式是选取在媒体和学术界已刊登的关于吉利和中联重科跨国并购的著作，并在 CNKI 等网站以"联想跨国并购""吉利跨国并购""中联重科跨国并购"为关键词进行模糊查询，在国家自然科学基金委员会官方核准的核心类期刊中以"跨国并购"或"海外并购"为关键词进行模糊查询，笔者将查询到的二手资料进行分类筛选，首先剔除与研究主题无关的内容，其次针对通过初选的资料进行重复性检验并剔除重复性文本信息，最后进行资料真实性匹配核准以保证案例样本具备相同的解构与品质。案例的基本情况如表 3.2 所示。

表 3.2　案例的基本情况

案例类型	主案例	辅助案例	
案例名称	联想并购 IBM PCD	吉利并购 Volvo Car	中联重科并购 CIFA
企业性质	民营企业	民营企业	民营企业
所属行业	IT	汽车	装配制造
并购时间	2005 年	2010 年	2008 年
主营业务	PC、手机、电子硬件产品	轿车、越野车、跑车	工程机械、混凝土机械、高科技重型装配机械

第三节 案例研究方法的选择

以探索性案例研究方法为主进行研究主要基于以下两点原因。其一，研究所处的初级阶段和所涉及的较新研究区域更适合采用探索性案例研究方式。目前针对中国民营企业跨国并购特征的研究还不完善，缺乏系统性和对研究对象的聚焦，因此使用案例研究这种研究方法首先可以通过"立地"的方式系统性地挖掘出中国民营企业跨国并购各个阶段的特征群[98]，其次可以采用比较研究的方式来研究中国民营企业跨国并购的异质性特征群。通过比较研究的方法可以避免随意地选择条件，将中国特殊的国家情境可以整体地纳入参考范围。通过以跨国并购同一阶段为标准将民营企业与西方企业跨国并购的特征进行排列对比，从而得出中国民营企业异质性的跨国并购特征群。问卷调查及统计分析法是以数理统计和计量经济技术为手段，检验根据已有理论构建的相关因素间的关系或验证命题的真伪，属于定量研究范畴[99]。这种研究方式在研究深入性及高信度和效度方面具有优势。但对于本书所处的研究阶段和民营企业跨国并购特征这一研究区域来说，案例研究方法能够减少现有文献和已有经验对笔者思想的束缚，更适合在全新的社会研究领域构建新的理论框架[100]。因此，采取探索性案例研究方式更适合在初级阶段实施。

其二，如前文所述，在研究期间，中国民营企业跨国并购案的稀少性及公开数据的缺乏性使得笔者难以寻找足够的中国民营企业跨国并购案例样本及结构性数据来支撑笔者进行大规模的真实数据统计分析。问卷调查和统计分析法适用于发掘复杂现象中起关键作用的变量及变量之间的关系[101]。但在跨国并购领域使用相关统计分析法需要具有足够多的样本及大量真实可靠的相关披露数据，如证券市场的公开财报等。西方国家开展跨国并购的时间较长，并且相关媒体、股市披露数据也较多，因此对于西方企业的跨国并购现象适合采用数据统计的实证方法进行研究，如在文献综述部分所阐述的价值低估理论就是利用1981~1990年发生的76起欧美企业跨国并购的真实统计数据建立起的可能性对数模型为基础。中国民营企业跨国并购历史较短，并且相关公开的真实可靠数据也较为稀少。为了尽可能保证研究数据的可靠性和易获取性，同时也为了保证研究结论的有效性及真实性，本书采取扎根于民营企业跨国并购的过程实践中，通过全过程的探索性案例研究初步剖析真实而有价值的理论成果。

综合以上原因，笔者采用探索性案例研究方法来研究中国民营企业跨国并购的特征及生成机理，主要运用实地访谈方式配合笔者在联想工作的邮件、会议记录、演示材料等获取数据资料。为了区分不同类型受访者的观点，笔者分别按照受访者的职位、国籍、工作时长三个标准对受访者进行分类，具体的分类操作为对企业核心决策层，执行层，欧美籍经理、总监、副总裁，中国籍经理、总监、副总裁、高级副总裁采用不同的访谈提纲及内容，笔者还对跨国并购发生之前的"老联想"员工及 IBM 员工分别进行了访谈。进行以上分类的原因，首先，核心决策层，如首席执行官、高级副总裁是并购的决策者，笔者期望通过访谈找出驱动这些中国民营企业的决策者进行并购的原因及获取进行交易和整合的决策所形成的第一手数据。而副总裁、总监、经理级别的员工是并购战略不同层次的执行者，通过这些执行者的行为可以清晰地描绘出企业驱动、交易、整合阶段的行为路线，进而为找出企业跨国并购特征提供文本数据，并且可以辅助验证高层决策者描述的真实性。其次，跨国并购是涉及两个或两个以上国家的企业员工的企业行为，从不同国家的企业员工角度进行数据收集可以以较为公正的观点来审视并购的过程。最后，并购之前加入联想的员工和并购之后加入联想的员工对于并购的感受并不相同。通过比较并购之前与并购之后加入联想的员工对于并购之后的联想的变化描述，可以验证联想是否通过交易、整合最终实现进行并购的目标。

第四节　研　究　框　架

由于中国社会制度、文化等外部环境的特殊性，基于欧洲、美国、日本等发达国家和地区的跨国并购案例所得出的特征体系及相关理论不一定可以直接解释中国民营企业跨国并购的特征及生成机理。因此，如何有效地识别出中国民营企业的特征群、与欧美发达国家不同的跨国并购异质性特征及其生成机理应该成为中国民营企业跨国并购研究中的焦点。本书希望借助提出的研究框架以明确如何通过研究中国民营企业跨国并购的完整过程，即研究跨国并购驱动、交易、整合阶段来分析出中国民营企业跨国并购的特征、异质性特征，并对中国民营企业跨国并购异质性特征生成机理做出令人信服的解释。本书尝试全面深入地分析跨国并购的各个阶段，通过各个阶段的研究和对比，挖掘出依附于各个阶段的跨国并购特征及异质性特征。

一、跨国并购驱动阶段

跨国并购驱动阶段也称为跨国并购前阶段，即中国民营企业跨国并购的驱动特征因素产生的阶段。就中国民营企业而言，当企业本身所具有的某些优势逐渐丧失殆尽，或者发展遇到某些特定瓶颈，如劳动力及自然资源的成本上涨导致成本优势消失或技术差距已无法通过自身研发进行追赶时，企业就会有可能选择跨国并购或其他方式建立新的竞争优势或突破瓶颈。中国民营企业需要某些特定的资源建立起新的竞争优势或突破制约本身发展的限制，这些资源会驱动中国民营企业的决策者寻求适合的海外目标进行并购交易，进而执行并购交易及并购整合来达到这些因素最终"为我所用"的目的。因此，在中国民营企业跨国并购驱动阶段，这些驱动着中国民营企业选择跨国并购的因素起到了至关重要的作用，如前文所述，首先这些资源可以帮助中国民营企业摆脱目前经营所遇到的困境。其次，如果可以自由使用这些资源则可帮助企业建立新的竞争优势。在企业选定可以满足企业实现并购驱动资源的目标之后，企业即进入下一个阶段——跨国并购交易阶段。

二、跨国并购交易阶段

跨国并购交易阶段是交易特征及交易异质性特征产生的阶段。在交易阶段，中国民营企业将就具体交易流程做出详细的计划并执行。具体包括选择中介机构帮助企业进行并购、进行尽职调查以完善信息链、并购双方就交易价格进行谈判、获得审批等一系列的活动。企业进行跨国并购交易都需要一家或数家中介机构参与其中以帮助企业完成交易。中介机构会与并购企业形成委托—代理关系并组成交易网络来对交易中存在的障碍进行清除。在中国民营企业跨国并购的实际交易过程中，中介结构会围绕中国民营企业组成交易网络，不同的中介机构会应对不同的并购障碍，并且不同的中介机构也会在不同的时间加入并购活动中。尽职调查是跨国并购中的一项重要工作，一般由中介机构中的投资银行进行操作，具体内容包括对交易对象和交易事项的财务、经营、法律等事宜按照企业所属行业及所在国家的标准进行深入而翔实的调查。其概念来自西方发达国家的金融市场对于股东的保护，之后被应用于企业并购的事项中。根据美国证券法关于尽职调查的解释，在并购交易中，如果并购方没有做好尽职调查，则需要承担自身未彻底了解企业所产生的风险。因此，在并购时，并购企业希望通过尽职调查了解目标公司各个方面的情况，从而尽量减少和避免并购风险。尽职调查的工作复杂性及专业性要求调查者具有专业背景和知识。一般西方国家的跨国并购交易的工作主要委托给专业的投资银行机构，并由专业的咨询机构、财务中介、法律公司等专业性机构进行辅助。随着尽职调查地不断深入，并购方与被并购方的信息不对称性不断缩小，并购交易进入实质的谈判过程中。在交易谈判中，交易双方会围绕交易的价格、交易的方式、接管的形式等一系列交易的细节进行商谈。如果双方在这些细节上达成共识则意味着谈判成功，并购交易可以进入下一个阶段。如果双方在这些细节上有较大分歧并且没有双方可以接受的折中方案则意味着谈判失败，并购交易结束。交易审批指特定的政府管理机构及并购的利益相关主体对并购交易活动的调查和审查，确认交易是否符合相关的规则及标准，如果全部相关机构及利益主体准许并购交易活动，则表示并购交易成功，并购交易顺利完成，反之则表示并购交易失败[102]。一般来说，跨国并购交易所涉及的审批量及审批难度要大大超过国内并购交易。并购方的母国与被并购方的母国的政治及文化模式差距越大，跨国并购交易通过审批的可能性越小。

需要注意的是，以上交易行为的成功与否将直接决定着民营企业是否可以在所有权上成功地获得目标企业。但只是获得企业的所有权并不意味着民营企业可以自由地使用被并购企业所具有的资源，要想达到并购的最终目标，使得被并购企业的资源被民营企业自由使用，还需要进行下一个阶段的整合。

三、跨国并购整合阶段

当并购交易活动结束后，并购方会对被并购企业进行不同程度的整合。整合活动不是只改变双方的组织结构或构建新的管理层，而是会涉及人事、文化、组织、业务等企业的各个方面。整合活动的主要对象是企业的员工，它往往需要变革企业的组织文化，甚至会产生一种新的文化来代替并购双方原来的企业文化[103]。

整合会对企业的员工产生两种截然相反的影响，一方面员工的工作受到整合的改变，因此员工可能会对整合产生恐惧，甚至是敌对的思想情绪。而另一方面整合会使得新的机遇产生，因此也会有员工对整合采取欢迎的态度。员工对整合的态度往往会影响到企业能否整合成功，整合成功与否会直接影响到企业并购的成败。

四、不确定性规避理论与中国民营企业跨国并购异质性特征生成机理

探索出中国民营企业跨国并购的特征、异质性特征之后，笔者希望通过将不确定性规避理论引入民营企业跨国并购异质性特征生成机理讨论中，从而尝试对中国民营企业跨国并购异质性特征生成机理做出令人信服的解释。

如前文所述，不确定性规避理论是荷兰学者霍夫斯泰德对国家文化维度模型进行研究得出的结论之一。霍夫斯泰德认为文化应特指对某一国家社会成员思维、感情和行为模式的概括，即"社会行为的不成文的规则"。他认为国籍是

在文化差异的研究中唯一可行的划分指标。因为以国籍为标准进行划分在研究中是实际可以操作的方法。并且根据国籍划分可以发现许多国家文化中的问题。国籍划分的标准正契合了研究所针对的研究区域是中国与欧美国家不同的跨国并购特征生成机理。霍夫斯泰德使用超过 20 种语言，收集了 40 多个国家中包括从初中到博士学历和从一般员工到高层管理人员在内的不同学历、不同阶层人士的反馈，在得到共 116 000 个问卷调查数据分析的基础上，采用社会学的分类法，从四个不同的维度切入，仔细区分不同国家的文化在这四个维度上的异同。四个不同的维度是指权力距离、不确定性规避、个人主义与集体主义、阳刚性与阴柔性，它们共同构成了国家文化维度模型[104]。国家文化维度模型的核心思想是：文化是在同一个环境中的人们共同的内在心理程序，国家文化维度模型并不是代表某一种个体特征，而是以国籍划分的具有相同的教育和生活经验的许多人所共有的心理程序。

国家文化维度模型中的不确定性规避是指"某个国家文化中的成员在面对不确定的或未知的情况时感到威胁的程度，这种感觉经常通过紧张感和对可预测性的需求表现出来"。对不同国家跨国企业员工询问的问题是："你在工作中感到紧张或焦虑的频率有多高？是否应该打破公司的规章制度，即使这是为了公司的利益？你认为你将继续为该跨国企业工作多久？"根据这些文本数据，霍夫斯泰德计算出该国家的不确定性规避指数。指数超过 50 的国家被认为是强不确定性规避文化国家，指数低于 50 则被认为是弱不确定性规避文化国家。目前不确定性规避文化主要应用于社会、教育、家庭、企业管理等方面的理论研究。在社会与家庭领域，强弱不确定性规避文化表现的差异主要集中在对待不确定性事物的处理态度及方式，弱不确定性文化背景下的人们将改变看做是社会和家庭生活中的一部分，对存在的不确定性事物持有较高的容忍度，且较易倾向采取静观其变的方式来应对变化，而强不确定性文化背景下的人们对社会和生活中的不确定性事物容忍程度较低，希望积极主动地面对不确定性的存在以消除不确定性的负面影响，其社会表现为具有详细具体的法律条文规定来防范社会中已知和未知的不确定性影响。在政府、企业、社会团体等组织内部，强不确定性规避文化影响下的组织更重视精密而准确的流程控制，崇尚精确和严密的组织体系。这种组织会发展成以流程、规章为工具，从而明确地将不确定性事物消除或控制而非与之共存的组织，但组织往往为了积极应对不确定性而对创新留有较小的余地，这导致组织内部具有创新意识和精神的员工为了实现价值而脱离组织。而在弱不确定性规避文化影响下的组织中，企业的核心决策者更重视战略而非具体运营，组织战略的制定与执行更取决于领导人的意志而非规定流程，由于弱不确定性规避文化影响下的组织允许与不确定性共存，较为松散的流程控制及规章制度为创新留下了一定的空间，员工的创新具有发挥的余地，相对于强不确定性规避文化影响下的组织，弱不确定性规避文化影响下的组织中的人员更倾向于留在组织内部进行创新。在法纪领域，强不确定性规避文化影响下的社会希冀尽可能地依靠精确细致的条文维持社会的公平与稳定，以庞大复杂的法律系统将不确定性冲突与影响控制在最低程度。弱不确定性规避文化影响下的组织人员倾向于以不确定性容忍程度更高的法律形式来处理冲突，并且相关法律条文人为操作余地较大，人们倾向于自我处理相关冲突事宜。霍夫斯泰德对不确定性规避强弱的解释是：不同国家的历史传统是各国在不确定性规避强弱上产生差异的渊源，如古罗马时代罗马帝国依靠一整套在当时较为完整的罗马法体系，成功地统治了分布在亚非欧三大洲的领土几百年。曾经被罗马长期统治的东欧、南欧国家，其不确定性规避文化表现上明显要高于其他国家。霍夫斯泰德认为中国社会表现为弱不确定性规避文化的原因在于古代中国采取"人治"而非"法治"，罗马法体系强调法律优先[105]。

　　除了以上涉及的社会、家庭、工作等领域及文献综述中所提及的国家文化对比领域，目前在跨国并购的研究中还未见明确提出基于不确定性规避理论进行的研究。因此，在基于不确定性理论解释中国民营企业跨国并购异质性生成机理研究之前，有必要就不确定性规避理论的可移植性问题进行探讨。

　　不确定性规避理论在中国民营企业跨国并购异质性特征研究领域的可移植性主要表现为文化维度范畴、不确定性规避理论应用对象、已有研究范例三个方面。首先，在社会学领域中，跨国并购异质性特征生成机理属于文化碰撞的一种形式。跨国并购的整个特征生成过程是一个在不同国家的集体、个人及相关利益主体的共同参与下，不断地进行文化碰撞、试错、磨合、校正的过程。从这个意义上来说，中国民营企业跨国并购的异质性特征生成属于文化维度范畴。因此，国家文化维度模型维度之一的不确定性规避理论可以用于研究中国民营企业跨国并购异质性特征生成机理。其次，正如阿罗·德布鲁（Arrow Debreu）提出的不确定性为分析经济社会的多样化组织方式提供了一个出发点[106]。不确定性规避理论是现代经济学描述和分析经济活动的一个重要方法。建立在跨国并购过程基础上的经济活动和组织活动的本质也可以看成是通过信息的交流来解决不确定性问题。在市场经济学中，市场参与人可以利用市场来规避不确定性，但市场规避不确定性的能力是不完全的，经济社会很难构建出一个完美的资本市场。跨国并购的过程实际上也是企业通过交易和整合建立多样的组织来进行规避的方式之一。因此，从理论应用对象上来看，不确定性规避理论可以用于研究跨国并购异质性特征生成机理。最后，除了在文献综述部分所阐述的学者们利用不确定性规避理论来对比国与国之间的文化管理特征之外，中国跨国并购领域的很多已有研究虽然没有明确指明其应用了不确定性规避理论，但从中不难发现不确定性规避理论的影子。中国学者倾向于选择与不确定性意义相近的风险性来表示不确定性，表现为研究影响因素与跨国并购风险之间的规避机理，如程子潇和韩平探讨了中国企业跨国并购风险的研究思路[107]，孙加韬研究了中国企业跨国并购风险的防范与化解[108]，于桂琴分析了中国企业跨国并购风险的成因[109]，夏明萍通过 TCL 跨国并购案例分析了中国企业并购风险及控制[110]。上述这些代表性研究都对中国企业跨国并购的风险及规避理论体系的完善和发展做出了贡献，已有研究的成功也支持了不确定性规避理论在跨国并购研究领域中应用的可移植性。基于上述三点理由，不确定性规避理论可以被用于研究中国民营企业跨国并购异质性特征生成机理。

五、中国民营企业跨国并购特征、异质性特征及生成机理研究框架

根据上述分析，本书将中国民营企业跨国并购的过程，即跨国并购驱动阶段、跨国并购交易阶段、跨国并购整合阶段三个阶段作为研究对象。通过探索性案例分析及对比的研究方法获取相关研究数据从而分析民营企业跨国并购特征、异质性特征及生成机理。本书认为弱不确定性规避文化导致中国民营企业在跨国并购驱动阶段上表现出与西方企业不同的特征。在跨国并购交易和整合阶段，交易和整合是跨国并购驱动的延续，中国社会的弱不确定性规避文化影响了中国民营企业跨国并购的交易和整合过程，使之产生了与西方企业跨国并购不同的交易和整合特征。虽然中国民营企业跨国并购异质性特征生成机理框架可以从驱动、交易、整合三个阶段进行解析，但这三个阶段并非是各自割裂的，而是相互联系的，具有前因后果的关系。中国民营企业跨国并购驱动是前因，跨国并购的交易和整合是以实现获得被并购企业资源为目标的行为，其不能背离最初的驱动目标，否则并购的交易和整合行为则失去了意义。交易和整合阶段是实现并购驱动目标的必然阶段。没有交易和整合，中国民营企业就无法实现被并购企业的资源"为我所用"的目标。而且在交易和整合阶段中，交易阶段是整合阶段的先决条件，如果跨国并购交易没有成功，则不会有交易之后的整合阶段。整合则是驱动和交易的延续，整合是在交易之后中国民营企业实现并购驱动和交易目标的阶段。

中国民营企业跨国并购特征、异质性特征及生成机理研究框架如图 3.2 所示。

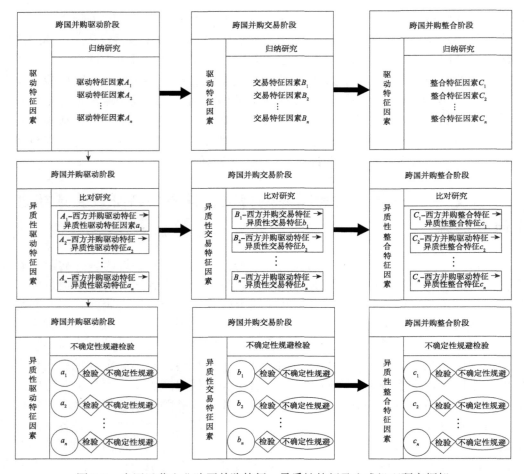

图 3.2　中国民营企业跨国并购特征、异质性特征及生成机理研究框架

第五节　本 章 小 结

　　本章论述了具体的研究对象、研究方法、研究数据及研究框架。具体来说主要包括以下工作。

　　以中国民营企业跨国并购过程为研究对象。中国民营企业跨国并购过程主要由跨国并购驱动阶段、跨国并购交易阶段、跨国并购整合阶段构成。在驱动阶段，中国民营企业追求可以帮助企业建立新竞争优势的资源。这些资源成为驱动中国民营企业进行跨国并购的因素，并且这种资源往往存在于西方发达国家企业中，因此中国民营企业跨国并购往往选择西方发达国家的企业作为目标。在交易阶段，中国民营企业会选择中介机构作为并购伙伴，与中国民营企业一起进行尽职调查、谈判、审批等活动，通过交易来达到在所有权及法律上获得被并购目标的目的。在整合阶段，中国民营企业需要以被并购企业员工为对象，在组织、文化等方面对被并购企业进行改变，使得被并购企业的资源可以"为我所用"以达到并购目的。

本书遵循典型性和数据可得性原则选取案例研究样本用以采集数据。通过联想并购美国 IBM PCD 的全过程采集第一手的案例数据，辅助于吉利并购 Volvo Car、中联重科并购 CIFA 的二手数据进行探索性案例研究，从而得出中国民营企业跨国并购的特征群。使用对比方式将西方成熟跨国并购特征理论或典型跨国并购特征案例与所得出的中国民营企业跨国并购特征群进行分阶段对比，剖析出中国民营企业跨国并购异质性特征群。

中国民营企业跨国并购异质性特征生成机理研究应当借助国家文化维度模型中的不确定性规避理论进行研究。本书认为中国民营企业跨国并购异质性特征生成机理实质上是弱不确定性规避文化在中国民营企业跨国并购过程中的体现。弱不确定性规避文化在中国民营企业跨国并购活动中主导着中国民营企业的行为，并使中国民营企业产生了与西方企业不同的跨国并购异质性特征。

第四章　中国民营企业跨国并购驱动阶段研究

第四章的研究目的是解析第三章研究框架提出的中国民营企业跨国并购驱动阶段的驱动特征、异质性驱动特征及异质性驱动特征生成机理模型。

驱动阶段是跨国并购驱动特征产生的阶段。随着经济全球化进程加速、生产地和市场源趋于统一，再加上资源的有限性，后发国家经济发展中的比较优势逐渐丧失[111]，此时中国经济追赶战略的实现更可能以跨国并购的形式来完成。本书认为，在中国民营企业跨国并购过程中，中国民营企业追求可以帮助企业建立新的竞争优势以摆脱发展瓶颈的资源，而中国民营企业异质性驱动特征生成机理是中国社会的弱不确定性规避文化驱使着中国民营企业选择在陌生环境中更容易规避风险的跨国并购方式来寻求用于国际经营的无形资源以建立新的竞争优势。为了证明此结论为有效结论，也为了保证研究的缜密性，本章首先通过对学术界跨国并购驱动相关文献进行评述，并指出目前研究所取得的成就及仍需进一步研究的区域，进而提出本章需要研究的问题。其次，通过多案例研究法归纳总结中国民营企业跨国并购驱动特征群。在此基础之上将所得的中国民营企业跨国并购驱动特征与西方企业经典跨国并购驱动特征进行对比，从而得出中国民营企业异质性驱动特征。最后，通过不确定性规避理论——验证所得到的异质性驱动特征，进而得出中国民营企业跨国并购驱动异质性特征生成机理，构建出无形资源导向型跨国并购驱动特征模型。

第一节　跨国并购驱动阶段研究的问题提出

西方学者对于跨国并购驱动阶段多是从规模、投资、市场、效率和协同等经济学视角进行研究[112]。

规模视角的研究认为，跨国并购能够扩大企业规模和生产能力，能给优势企业带来规模效益，因此这种规模效益所带来的竞争优势是驱动企业进行跨国并购的原因。该视角下的研究又可分为垄断优势驱动学派和规模效益驱动学派。其中垄断优势理论被认为是西方跨国并购理论的基础，美国学者 Hymer 指出在不完全竞争的市场条件下，西方跨国公司凭借其先进的管理、技术和资金等规模垄断优势可以抵消其在对外直接投资时相对于东道国企业所处的劣势，排斥东道国企业的竞争，获取高额垄断利润[113]。由垄断造成的规模优势是驱动西方企业进行跨国并购的原因。规模效益理论则被用于解释横向跨国并购的驱动阶段，Richard 通过对六个不同发达国家的同一行业企业进行研究时发现，企业技术进步所带来的成本降低会被运输成本抵消，只有并购另外五个国家的企业形成统一的跨国企业时才可以实现技术进步所带来的成本优势，从而形成自己的全球规模效益[114]。因此，规模效益是在横向跨国并购时驱动企业进行跨国并购的原因。

文献综述部分所阐述的投资视角下的邓宁提出的国际生产折衷理论，即 OLI 模式——所有权优势、区位优势和市场内部化优势也是跨国并购驱动经典理论之一[61]。邓宁总结出决定国际直接投资的三个最基本的要素是所有权优势、区位优势、市场内部化优势。邓宁认为只有当企业同时具备这三种优势时，才完全具备了对外直接投资的条件。

市场视角下的研究被称为市场势力理论，该理论主张通过跨国并购在短期内获得目标国的市场势力是跨国并购的主要驱动因素，欧洲共同体的调查资料显示，在 1991 年发生的 491 起跨国并购案例中有 55.8%的并购动机是为了加强市场势力范围和市场地位[21]。

效率视角下的研究认为，企业跨国并购的驱动因素在于优势企业和劣势企业之间在管理效率上的差别，认为同一行业内一些公司的管理效率低于行业平均水平，而其他国家的某些公司管理水平较高，跨国并购的实质是这些高效率管理水平的公司通过输出管理完成跨国并购。效率输出所带来的利润是驱动企业进行跨国并购的原因。

协同视角下的研究认为，通过跨国并购可以在全球范围内优化资源配置，发挥各国的比较优势，形成财务协同[115]和管理协同[116]。

值得注意的是，近年来西方学者对于跨国并购驱动阶段的研究表现出系统化的趋势，得出了一些经典的研究结论。Brouthers 等通过对欧洲国家的跨国并购研究表明，发达国家企业的跨国并购驱动力主要包括经济、个人和战略三大类。其中经济驱动力分为降低风险和扩大规模等九个子类，个人驱动力分为增加管理权限等四个子类[117]，战略驱动力分为提高企业竞争力等四个子类。KPMG（毕马威）公司的研究成果表明，扩大市场份额、在其他区域增强实力、获得新的产品或服务、规模经济是欧洲企业跨国并购的重要原因[118]。

与西方学者的研究相比，中国学者对于跨国并购驱动阶段的研究起步较晚。但随着最近 10 年来中国企业跨国并购活动的增加，聂名华、阎大颖等中国学者开始关注中国企业跨国并购的驱动因素研究。相关研究主要沿着西方研究成果，特别是 OLI 模型的中国情境下的思路展开。黄中文将速度（speed）优势这一因素引入 OLI 模型中，并拓展为 OLIS 模型，提出与其他三个因素一样，速度优势也是促使企业进行跨国并购的重要原因之一[119]；张小蒂和王焕祥采用动态视角，将交易整合（transaction integration）优势因素引入 OLI 模型，形成 TOLI 四要素棱形模型[120]；谢皓整合 OLI 模型及交易整合优势和速度优势，形成 TOLIS 模型[121]。阎大颖认为以横向、善意、强强联合为主导特征的跨国并购表明保持持久的核心竞争优势是实施跨国并购的重要战略驱动力[122]。跨国并购驱动研究文献的总结如表 4.1 所示。

表 4.1　跨国并购驱动研究文献的总结

国家或地区	角度	代表学者	观点
欧美国家	规模垄断	Hymer	由垄断造成的规模优势是驱动西方企业进行跨国并购的原因
	规模效益	Richard	规模效益是在横向跨国并购时驱动企业进行跨国并购的原因
	对外投资	Dunning	所有权优势、区位优势、市场内部化优势是驱动企业进行跨国并购的原因
	市场势力	Li Mei	短期内获得目标国的市场势力是跨国并购的主要驱动因素
	效率输出	Fred Westo	效率输出所带来的利润是驱动企业进行跨国并购的原因
	协同	Andrew Campbell	通过比较优势带来的财务协同和管理协同是驱动企业进行跨国并购的原因
	系统化	Brouthers 等	经济、个人和战略是驱动企业进行跨国并购的原因
		KPMG	扩大市场份额、在其他区域增强实力、获得新的产品或服务、规模经济是欧洲企业进行跨国并购的重要原因
中国	对外投资中国情境化	黄中文	所有权优势、区位优势、市场内部化优势、速度优势是驱动企业进行跨国并购的原因
		张小蒂	所有权优势、区位优势、市场内部化优势、交易整合优势是驱动企业进行跨国并购的原因
		谢皓	所有权优势、区位优势、市场内部化优势、速度优势、交易整合优势是驱动企业进行跨国并购的原因
		阎大颖	保持持久的核心竞争优势是实施跨国并购的重要战略驱动力

中国跨国并购驱动相关研究趋势如图 4.1 所示。

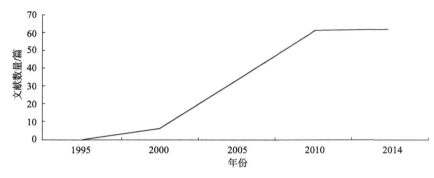

图 4.1　中国跨国并购驱动相关研究趋势
资料来源：CNKI 数据库

从上述研究回顾中可以看出，学者们对中外企业跨国并购的驱动领域进行了大量的研究工作，并形成了较多有价值的研究结论。但目前的研究在研究对象及研究问题上仍有较大的空间需要突破。在研究对象上，研究样本的数量缺乏，目前的研究缺少对中国民营企业这一新兴跨国并购对象的相关研究，这导致中国民营企业跨国并购驱动理论研究还处于西方理论中国情境化的适应阶段，并没有深入中国民营企业所处的情境下构建出基于本土情境的跨国并购驱动理论，并且现有研究在分析中国企业跨国并购驱动阶段时大多数以整个中国企业或以某种行业的中国企业为研究对象，并没有对企业类型进行区分，因此有必要从深入中国本土企业情境和区分企业类型两个方面来研究中国企业跨国并购驱动阶段的特征，从而构建中国民营企业跨国并购驱动理论。在驱动阶段的相关研究问题上，目前的研究多集中在回答企业跨国并购的驱动特征是什么这一问题上，较少有研究可以深入探索为什么企业会产生这些跨国并购特征，以及中国民营企业跨国并购特征因素所产生的机理这一"为什么"的问题。本章希望通过研究回答以下几个问题：中国民营企业跨国并购的驱动特征是什么？与西方发达国家的企业相比，诞生于中国本土的民营企业跨国并购异质性驱动特征是什么？中国民营企业跨国并购异质性驱动特征生成机理是什么？

第二节　案　例　分　析

一、联想并购 IBM PCD 的驱动阶段分析

本书在主案例的案例研究中，根据所获得的联想的案例资料并综合公司决策者意见，对驱动联想进行并购的因素进行分类，并逐项探讨，同时通过对比联想

并购前后的变化来确定驱动联想并购的因素是否最终得以实现（表 4.2）。

表 4.2　联想品牌并购前后的变化对比

对比项目	品牌	ThinkPad 品牌北美市场渗透率[123]	ThinkPad 品牌盈利状况[123]	联想品牌效应
并购前	联想扬天 联想旭日	5%	亏损	中国品牌
并购后	联想 ThinkPad 联想 ThinkCentre 联想 IdeaPad 联想 IdeaCentre	8%	盈利 1%~2%	世界品牌

（一）品牌资源驱动

2004 年 12 月，联想用 17 亿美元收购了 IBM PCD 事业部，拥有了 IBM 在日本和美国的大和实验室及罗利实验室，获得了 IBM 在深圳的生产工厂。凭借向初次接触电脑的用户推出简便易用的廉价联想（Lenovo）品牌电脑，并依靠强大的中国市场分销渠道，联想成为中国市场占有率第一的电脑生产厂商。但与国内市场的优秀成绩不同的是，联想在海外市场的成绩并不理想。在并购之前，联想的全球占有率排名世界第九位。如何让联想的品牌成为国际市场上的知名品牌成为联想发展中的一道难以跨越的屏障。

联想董事长杨元庆在访谈中曾说过："对于一个依赖消费者的企业来说，建立品牌是至关重要的，而且是相当困难的。借助 IT 产业的龙头企业——IBM 的品牌效应，我们有一个推广联想品牌的捷径。"联想创始人柳传志也曾说过："我们希望购买 Think 品牌，这个 IBM 耗资超过数十亿美元，经历近十年时间所形成的品牌，得到了市场足够的认可，能够让企业花比较高的价钱去购买它。"[124]

因为 Think 系列电脑所代表的高品质、易维护的产品内涵得到世界高端电脑使用者的广泛认可，所以并购使得 Lenovo 获得了大量高端电脑的使用客户及潜在客户。无论是 IBM Think 还是 Lenovo Think 都被认为是质量优秀电脑的代名词。在并购之后，联想基于 Think 这一商用品牌，又启用了 Idea 这一新品牌用于主攻全球消费类市场，Idea 的品牌毫无疑问也是借用了 Think 品牌已形成的高市场认可度。目前 Think 被联想用于主攻全球尤其欧美大中型企业客户，Idea 被用于主攻全球消费类客户。通过 Think 与 Idea 两个系列子品牌的全面搭配，形成了联想完善的世界品牌形象。

（二）技术资源驱动

并购之前，联想的研发技术能力在当时与 IBM、戴尔等一线生产厂商相比显然是落后的，而当时 IBM PCD 具有计算机行业中最先进的研发技术及资源。PCD

拥有包括主动保护系统、指纹识别器、防溅水键盘、一键式恢复（rapid restore PC，RRPC）、系统移植助理（system migration assistant，SMA）等 1 500 多项专利[125]。

在并购之后不久，联想派出中国的技术人员到日本的大和实验室和美国的罗利实验室进行学习，同时指派 IBM PCD 实验室的研发人员到中国进行交流和技术指导。不仅如此，联想将 IBM PCD 的计算机开发流程、设备乃至使用的原材料全部"克隆"至北京及上海的产品中心。联想的高层管理者在访谈中提到，联想中国的台式与膝式电脑的研发流程、设备甚至包括静音实验所用的隔绝材料都是原封不动照搬原 IBM 研发中心的设置。通过这种方式，联想将两家原属于不同公司的技术人员融合在一起，将原属于 IBM 的研发技术、模式、思想扩充至整个联想。

（三）市场资源驱动

在中国，联想可以达到市场占有率第一的原因之一就是联想拥有非常完善和成熟的分销渠道。但在国际市场上，联想根本无法在短时间内建立自己的分销渠道。通过并购，联想继承了 IBM PCD 业务在全球的供应链和营销渠道，获得了数千家大客户业务和一百多家全球客户业务，拥有了成型的全球区域管理体系。联想前首席执行官沃德曾指出原联想在家用及经济型电脑市场取得了理想的成绩，而 Think 系列则是世界企业级用户的首选，如果双方将各自擅长的领域整合发展，可以得到一个非常强大的市场组合。在访谈中，受访者都提到了市场资源是联想进行并购的原因之一，其中原联想员工和在并购后加入的员工认为，联想在并购之后的一大优势就是可以拥有 IBM 的市场渠道和客户，这样自己的势力可以扩张至整个国际成熟市场。在并购之后，联想可以直接使用原 IBM 在国际市场上的渠道。原 IBM 的员工在访谈中认为，在并购之后，Think 系列产品可以使用联想在中国已经成熟的市场渠道，这毫无疑问将会提升 Think 产品在中国市场的占有率。综上所述，市场资源的获得也是联想进行跨国并购的主要原因之一。新市场资源的获得帮助联想在国际市场击败了众多全球 PC 巨头，2016 年第一季度，联想台式电脑、膝式电脑和平板电脑的总销售量占全球 PC 销售量的 19.3%（表 4.3），占据全球市场第一名的位置，超过第二名惠普 1.7 个百分点[126]。

表 4.3 联想市场并购前后的变化对比

市场并购前后对比	国际市场占有率	营业额	全球 PC 出货量
并购前	2.4%	225.5 亿港元	排名第九位
并购后	19.3%	449 亿美元	排名第一位

（四）国际化经验资源驱动

在与联想中高层管理者的访谈中，中国国籍的管理者认为："通过此次并购，联想获得了全球人才的管理经验、全球组织架构的整合经验、全球一体化市场协作的运营理念。"一位受访的美国籍联想管理者对这些经验的理解是："这些经验既是联想在国际市场上生存的保证，也是未来扩大全球竞争优势的基础。"另外一位受访的中国籍高层管理者提出："一个中国民营企业要想成为实至名归的跨国企业，必须要具备跨国企业的运营知识、管理经验和理念，了解运营中国企业和跨国企业的区别，联想的管理层和员工在并购前并不完全具备这些经验和知识，并购了 IBM PCD 事业部后就可以拥有这些经验。"

通过对案例的分析，可以得出以下联想跨国并购驱动阶段图（图 4.2）。

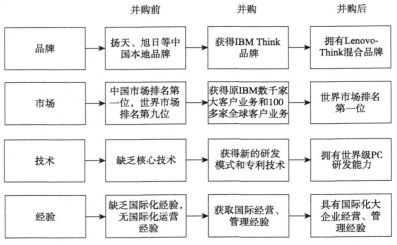

图 4.2　联想跨国并购驱动阶段图

二、吉利并购 Volvo Car 的驱动阶段分析

在对辅助案例的研究中，本书根据所获得的吉利和中联重科的案例资料，同样以企业跨国并购驱动阶段为研究目标，分析相关驱动阶段特征。2010 年吉利以 16 亿美元现金、2 亿美元票据，共 18 亿美元收购了福特旗下 Volvo Car 的全部资产、专利及品牌。

（一）市场资源驱动

Volvo Car 在全球拥有 100 多个国家的 2500 家经销商，其中 90% 的经销商都分布在欧洲和北美市场。吉利与 Volvo Car 并购将取得双方共同扩张自己在中国与海外市场份额的机会。吉利所处的中国国内巨大的市场是海外投资成功的重要保障，也是保证吉利收购 Volvo Car 后生产经营得以发展的条件。吉利希望收购后继续扩大 Volvo Car 的海外存在，但更希望扩张 Volvo Car 在中国的产量和影响力，以中国市场的销售支持 Volvo Car 扭亏为盈。这对借助 Volvo Car 改变吉利廉价形象、实现全球化经营目标而言是非常好的机会，吉利可以充分整合吉利在国内市场和 Volvo Car 在国际市场的营销渠道，拓展吉利和 Volvo Car 的高端汽车销售市场，提高市场份额，实现全球经营，最终使吉利成长为一个全球性的汽车企业[127]。

（二）品牌资源驱动

吉利汽车的自有品牌虽然在中国经济型轿车中占有一定比重，但国际市场对于吉利这个中国本土品牌认知度较低，与吉利不同的是 Volvo 品牌具有悠久的历史，在全球尤其是北欧具有相当高的知名度。吉利董事长李书福在并购时曾说："现在吉利买的就是 100%的 Volvo 的商标，当初福特买的也是 100%的 Volvo 的商标。关于品牌并不是说 50%，在这里要向全世界关心 Volvo 品牌的人讲清楚。"[128]吉利并购 Volvo Car 之后，由此所带来的品牌效应无可估量。随着我国汽车销量井喷式增长，吉利通过并购拥有 Volvo Car 的品牌可以帮助企业在中国本土的豪华车细分市场获得一席之地，而在全球汽车领域，吉利借助 Volvo 品牌已经形成了新的市场地位，从而获得了进入欧美市场的机会。获得 Volvo 品牌可以帮助吉利拉开 Volvo 品牌与其他子品牌之间的市场定位差距。并购之后吉利有机会学习 Volvo 高端品牌的运作经验，这为提升吉利自有品牌打下了良好的基础。

（三）技术资源驱动

在并购之前，吉利虽然进行了大量的技术改革，取得了自主研发 CVVT（continue variable value timing，连续可变气门正时机构）发动机、自动变速箱和 EPS（electronic power steering，电动助力转向系统）等一系列科技成果，并积累了较为完整的原始技术数据，但距离欧美一线汽车厂家仍有较大的差距，尤其在数字化开发平台及全车型生产能力上存在巨大的技术鸿沟。Volvo Car 具有 A 级、B 级、C 级不同级别的汽车生产线分别生产小型、中型、大型轿车及越野车，另外 Volvo Car 拥有行业先进的数字化汽车设计开发平台、83 年的整车和关键零部件开发经验，最重要的是 Volvo Car 拥有 3 800 名科研人才的研发体系和能力。早在 20 世纪 60 年代，Volvo Car 的工程师发明的现在汽车行业通用的三点式安全带，被公认为是人类历史上挽救了无数生命的技术发明之一。安全车厢笼架和胶合式安全挡风玻璃也是 Volvo Car 重要的安全产品。中国乘用车生产厂家大多苦于缺少顶级发动机、变速箱等重要零部件的研发技术，因此希望拥有与欧洲、美国、日本等跨国企业对等的汽车行业技术与知识。吉利也不例外，李书福曾在并购前对媒体谈道："在知识产权的内容上，我们是斤斤计较的。"李书福充分认识到Volvo Car 的技术价值，他认为 Volvo Car 具有从主动安全，到被动安全等一系列领先的安全技术。Volvo Car 发明了三点式安全带、两级触发安全气囊座椅、自动刹车的城市安全系统，这些革命性的技术为全球汽车工业的发展做出了卓越的贡献[129]。

（四）国际化经验资源驱动

在国际化管理和运营经验方面，吉利和 Volvo Car 同样存在着一弱一强的局面。和联想一样，吉利作为中国民营汽车领域的国内领先者同样缺乏国际化经验及高端国际化人才。通过并购，吉利不仅取得了 Volvo Car 的核心技术与 2 400 项商标和专利，更取得了 Volvo Car 所具备的全球化企业运营经验，跨国企业运营经验的获得为吉利成为世界一流汽车生产厂商打下了良好的基础。

通过对案例的分析，可以得出以下吉利跨国并购驱动阶段图（图 4.3）。

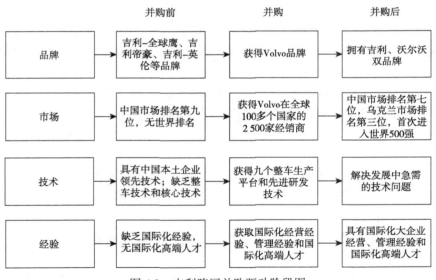

图 4.3　吉利跨国并购驱动阶段图

三、中联重科并购 CIFA 的驱动阶段分析

2008 年中联重科与高盛等基金以 2.7 亿欧元收购了意大利 CIFA 的全部股份，其中中联重科控股 60%。通过收购 CIFA，中联重科的混凝土机械产品在世界市

场的占有率达到第二位[130]。2008 年底，中联重科拥有员工近 2 万人，产值 243 亿元，是中国重型装备制造业的龙头企业，而 CIFA 是世界闻名的工程机械制造企业，总部位于意大利。

（一）市场资源驱动

2007 年 CIFA 的混凝土搅拌车和混凝土泵机械车在欧洲约占 20%的市场份额，销售收入约有 4.7 亿美元。中联重科的产品与厂房、住宅等大型固定资产投资密切相关，因此中国固定资产投资的发展在很大程度上决定了公司未来的发展。最近 10 年来，随着国际经济环境的衰落与中国国家政策的调整，中国固定资产投资的增速逐渐在缩减，已经从 2003 年的 27.7%的增长率下降为 2011 年的 23.8%[130]。受其影响，国内工程机械需求量的增速也在降低。但中国主要的工程机械制造企业都投入了大量的资金、人力进行技术改造，工程机械的产能在迅速扩大，这无疑会大大地激化国内工程机械产品市场的竞争。反观中国重型装备业在国际市场上的现状，中国混凝土机械在 2000 年之后才逐步开始进入全球市场，大部分欧美发达国家和地区的用户对于中国品牌的混凝土机械并不了解。尽管三一重工股份有限公司、徐州重工集团、中联重科等为进入海外市场进行了大量的研发与改革，但要获得全球用户的接受并获得在国际市场稳定的一席之地，中联重科仍然有很长的路要走。

（二）品牌资源驱动

在中联重科的主要经营领域——混凝土机械制造行业中，德国的普茨迈斯（Putzmeister）和斯维尔（Schwing）是市场公认的一线品牌，CIFA 紧随其后。CIFA 虽然在品牌影响度方面略逊于这两个品牌，但其性价比远远超出这两个品牌，因此，CIFA 在整个欧洲地区非常具有竞争优势，尤其在经济并不发达的东欧具有很高的市场占有率，并且 CIFA 在欧洲建立了较为完善的营销渠道。CIFA 品牌在欧洲重型装备产业的影响力可以使中联重科较为容易地踏入欧洲市场，并可以欧洲市场为起点成为重型装备制造业的大型跨国企业。

（三）技术资源驱动

由于发达国家对出口中国的高科技重型装备制造业产品始终有所限制，甚至一些高性能数控技术绝对禁止向中国出口，因此中国重型装备制造业的技术标准与欧美发达国家和地区尚存在着不小的差距。中联重科在混凝土机械工艺水平等技术层面上是国内公认的行业领先者，但无论从产品的技术研发角度，还是产品的耐用性、制造工艺，甚至生产率等众多指标同欧洲一流企业相比都有不小的差距。中联重科的统计数据显示，中联重科的人均主营业务收入甚至不及 CIFA 的1/10[131]。同样，中联重科在全世界范围内的品牌认知、感受、客户满意度方面也远落后于欧美同行业的佼佼者。CIFA 产品品种众多，产品综合技术均领先于中国国内企业，因此，并购 CIFA 可以将 CIFA 技术引入中联重科，无论是在产品技术性能方面，还是工艺流程方面都将大大有利于中联重科提高混凝土机械制造的技术水平。

（四）国际化经验资源驱动

与中国大多数大型民营企业相同的是，中联重科没有管理一个大型跨国企业的知识，企业也缺少经验来解决如何运营一家跨国企业的问题。中联重科要打开国际市场则必须拥有国际化市场的经营经验和管理经验。这对中联重科来说无疑是一个软肋，如果不拥有丰富的国际经验，即使拥有了国际产品和国际渠道也无法成为一个真正的国际性大型企业。通过并购，CIFA 的国际化管理经验、国际渠道运作经验等无形资源可以被中联重科吸收消化，并为其所用。这些无形资源可以帮助中联重科由中国本土民营企业转变为大型跨国企业。

通过对案例的分析，可以得出以下中联重科跨国并购驱动阶段图（图 4.4）。

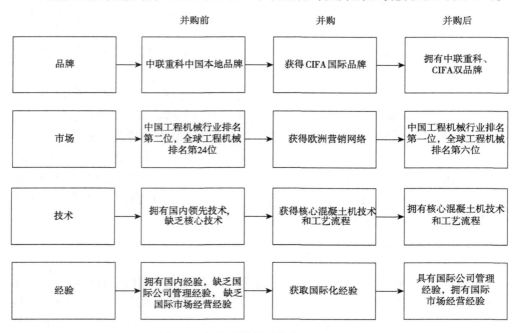

图 4.4　中联重科跨国并购驱动阶段图

第三节 中国民营企业跨国并购驱动特征群

通过以上三个案例分析，本书认为，国际品牌、核心技术、市场份额、国际化经验是驱动中国民营企业进行跨国并购的四个驱动特征。

一、国际品牌

国际品牌是驱动中国民营企业进行跨国并购的特征因素之一。根据联合国开发计划署统计，国际知名品牌在全球品牌中所占比例不到 3%，市场占有率却高达 40%。在全球 100 个最有价值品牌企业中，大部分企业在国际市场的销售额占企业总销售额的 50%以上，而在中国即使一些品牌知名度很高的企业，在海外的销售额也不到 10 亿美元，也仅占其销售额的 10%[132]。

从中国企业自身所具有的品牌角度来看，中国本土品牌除中药类产品外，在国际市场尤其是欧美成熟市场的认知率与认可率都比较低。中国虽是公认的世界工厂，但所生产的产品或是供给欧美知名品牌公司进行贴牌加工，或是在欧美细分市场中被认为是廉价品牌的代名词。以上三个案例中，企业的领导人无不表示出对被并购对象品牌的重视。也正是通过一次次的并购，中国民营企业跨越了品牌建立的巨大不确定性，从而在国际市场上拥有了自己的知名品牌。在并购之前，联想、吉利、中联重科的品牌虽然在国内具有非常良好的声誉及影响，但在全球相关市场上也无法同 IBM、Volvo、CIFA 这些国际知名品牌相提并论[112]。对于大多数加入国际市场竞争的时间不长的中国民营企业来说，如果完全凭借自身实力，在全球范围内创建一个知名品牌需要花费数十年以上的时间和大量的人力物力，而通过并购取得国际知名品牌一方面可以节省大量时间和人力物力，另一方面可以借用取得的品牌快速打开国际市场，提高销售额和市场占有率。

二、核心技术

通过跨国并购来换取行业领先的核心技术成为许多中国民营企业的选择。从 20 世纪 70 年代末开始，中国以高资源消耗为代价来支撑经济的高速发展。但人力成本和自然资源成本的上涨，以及高污染的代价已经越来越影响到中国经济发展的进程。在经济发展的背后，中国所掌握的技术与欧洲、美国、日本等成熟国家和地区的核心技术差距却并没有较为明显的缩小。

　　以上三个案例中的企业管理者无一不表达了对被并购对象的技术的向往。一方面，Volvo Car、IBM PCD、CIFA 都是在本行业中具有行业领先核心技术的企业。IBM PCD 的硬盘技术、Volvo Car 的安全技术、CIFA 的混凝土机技术都处在各自行业的世界领先地位。这也是联想、吉利、中联重科急需得到的技术资源。如果将中国民营企业的成本控制优势与这些领先技术结合起来，那无疑能增强企业的竞争力。另一方面，新技术的开发是一个长期投入过程，研发投入和研发产出的不确定性对于企业来说是非常巨大的负担，而对于成立时间并不很长的大多数中国民营企业来说，跨国并购则可能是个双赢的方式。新技术开发的关键在于知识与专利的掌握和研发者的个人能力，通过跨国并购获得对方的研发人员与专利，毫无疑问可以提高企业原有研发人员的知识和能力。如果将被并购方的研发中心管理方式与研发模式复制到中国的研发中心，则可大大提高中国企业整体的技术研发水平。

三、市场份额

　　跨国并购是中国民营企业进入国际市场及扩大国内市场份额的选择之一。中国民营企业所处的市场环境竞争都非常激烈，国内优秀的公司加之国际行业领先者的竞争导致本土民营企业必须登上国际市场的舞台。一般的中国民营企业都是以出口的方式进入国外市场，但严酷的贸易壁垒及非贸易壁垒的存在，以及中国企业本身的声誉、品牌、渠道等外部与内部的问题使得大批中国民营企业无法在国际市场上取得重要的地位。

　　以上三个案例中，被并购目标都已经建立了自己的国际市场，拥有大量的客户基础及较高的声誉。通过并购拥有这些国际客户群，不仅可以轻松绕开各种壁垒，占领海外市场，进入欧盟、北美等发达国家和地区，还可以利用被并购企业的产品增加自己在中国市场的竞争力。在以上三个案例中，联想、吉利、中联重科通过并购取得了将自己的产品销往 IBM、Volvo Car 和 CIFA 拥有的市场的条件，并且可以利用自己在中国的营销渠道销售 IBM、Volvo Car 和 CIFA 品牌的产品来扩大在中国国内的市场份额。

四、国际化经验

　　外资企业、合资企业的经营能力增加使得中国各产业的规模急剧扩大、产值迅速提升，但其缺乏海外渠道经验、国际企业管理经验、海外专业运营经验，尤其是国际化领导经验缺乏的问题并没有得到解决。而相比较自身建设，或是海外直接投资，跨国并购不但能够节约大量人力物力，而且可以直接获得海外优质企业的经营管理经验，同时无论最终并购成功与否，并购本身的过程对于中国企业来说都是无法用金钱买到的宝贵经验。例如，在联想的并购案例中，企业的领导人着重提到了对国际化高端人才的渴望与追求，对国际化董事会管理、国际化公司运作的知识和经验等方面的需求。

第四节　中国民营企业跨国并购异质性驱动特征分析

本书通过以上案例分析及归纳取得了中国民营企业跨国并购驱动特征群，为进一步深入探寻中国民营企业跨国并购异质性特征打下了基础。本节选取典型的西方企业跨国并购驱动特征研究成果与上文归纳的中国民营企业跨国并购驱动特征进行比较，以得出中国民营企业跨国并购的异质性驱动特征。

本节选取 *Mergers and acquisitions in Europe，research report* 一文作为对比文献。这一研究成果是 KPMG 公司对 314 家西方发达国家企业的跨国收购案例进行研究所得，此研究系统地总结提炼了西方发达国家企业的跨国并购驱动特征因素，并以大量案例作为理论支撑，研究成果能够有效地代表西方发达国家企业跨国并购驱动特征研究成果，也适合作为比较分析的基础文献。该研究表明，扩大或保护市场份额、在其他区域取得实力或增强实力、获得新的产品或服务、规模经济是西方发达国家企业进行跨国并购的主要驱动特征[118]。通过比较得到中西方企业跨国并购共性驱动特征和中国民营企业跨国并购异质性驱动特征，如表 4.4 所示。

表 4.4　中西方企业跨国并购驱动异同特征

类别	驱动特征
中西方企业跨国并购共性驱动特征	市场份额
中国民营企业跨国并购异质性驱动特征	国际品牌、核心技术、国际化经验

通过以上对比可以看出，市场份额是中西方企业跨国并购的共性驱动特征。但在其他方面，中国民营企业具有明显的与西方企业不同的驱动特征。虽然中西方企业都希望得到新的产品或服务，但中国民营企业更希望得到的不是成品，而是可以掌握能够生产出成品的核心技术。双方都希望增强在其他区域的实力，中国民营企业则更希望通过取得对方的国际化经验和品牌来增强自己的实力。

国际品牌驱动特征实质上是中国民营企业以跨国并购来达成品牌捆绑的效果，通过已经具有行业内相当知名度的世界品牌来带动本土品牌的发展，最终将本土品牌推向全球市场并获得全球市场的认可。中国民营企业以国际品牌为目标进行跨国并购的目的在于中国民营企业的成功建立在旧式的中国方式上，即中国民营企业与业界进行价格竞争，而不是创新竞争，要想改变这一局面就必须"改头换面"。中国民营企业的跨国并购则是"改头换面"的一种尝试。联想通过将 Lenovo 品牌与 Think 品牌进行捆绑形成 Lenovo-Think 这一全新的品牌，借用 Think 品牌在国际上已有的声誉来推行企业的品牌国际化战略。这种捆绑战略从联想的业绩来看已经取得了良好的效果。2016 年第一季度，联想的 PC 出货量已位列世界第一，超过了惠普和戴尔等国际 PC 巨头。而吉利和中联重科的跨国并购实际上也是借用 Volvo Car、CIFA 品牌已有的国际声誉来实现品牌国际化的捆绑战略。而相比中国民营企业，进行跨国并购的西方企业本身并不缺少在国际上具有声誉的品牌，和联想一样同为 PC 行业世界巨头的惠普及戴尔在分别并购康柏（Compaq）和 Gateway 后不约而同地弃用了康柏和 Gateway 的品牌[112]。

　　核心技术驱动特征实质上就是中国民营企业通过跨国并购实现技术共享与扩散。中国民营企业缺乏关键技术和核心技术，主要原因是中国民营企业的产品竞争优势大多数是建立在劳动力价格低廉及产品价格优势的基础上[133]。从最近 10 年来的跨国并购历史来看，几乎所有的民营企业跨国并购都与技术有关。罗兰公司通过研究 50 家中国国际化企业发现，并购方式是渴望获得国外知识资产的企业首选，但实际上能够进行跨国并购的中国民营企业并不缺少普通的技术，而是缺少能够与海外同行业领先者竞争的技术。企业要在全球市场生存下来甚至发展壮大，必须拥有自己独特的技术才能与欧美行业巨头相抗衡。联想通过复制 IBM 在美国和日本的研发中心模式，迅速地实现了技术共享与扩散，从而掌握了 PC 领域的核心技术。吉利和中联重科的跨国并购实际上也是希望分享 Volvo Car、CIFA 已有的技术和研发能力，从而掌握本行业的世界领先技术。西方企业则是更希望直接得到并购对象的成品或服务，而非存在于成品背后的技术。这是因为西方企业的产品竞争优势是建立在技术领先的基础上而非价格低廉的基础上，进行并购的一方往往具有更多的技术优势而非价格优势。

　　国际化经验驱动特征的本质是通过跨国并购直接快速取得国际团队领导、国际化管理等经验用于企业在国际环境的经营。以上三个案例中，发起并购的中国民营企业都缺乏海外企业治理、国际市场操作、全球董事会运营的国际化经验。而这些国际化经验对于中国民营企业能否在国际市场上生存起着至关重要的作用。相对于中国民营企业来说，西方企业一般并不缺少这些国际化经验，大多数西方企业在进行跨国并购之前早已成为国际化企业。其本身并不缺乏全球性公司的运作经验、国际性董事会管理等经验型资源，因此不可能如中国民营企业一样对国际化经验充满渴求。

第五节　中国民营企业跨国并购异质性驱动特征模型

一、模型构建

从以上对中国民营企业跨国并购驱动阶段的研究得出，在驱动阶段中国民营企业跨国并购异质性特征有国际品牌、核心技术、国际化经验。在上文的分析中，本书以中国民营企业自身为出发点分析了这些异质性特征产生的相关原因。但从理论建立的必要性来看，本书认为要想获得中国民营企业跨国并购异质性特征的真正生成机理不仅需要从企业自身出发，更需要考量企业周围的宏观环境变量，这就要求在研究中将中国民营企业所处的中国文化环境作为宏观参考变量融入整个研究体系。本书认为，在跨国并购的驱动阶段，中国民营企业选择在陌生环境中更容易规避风险的跨国并购方式稳妥地寻求用于国际经营的无形资源来建立新的竞争优势，从而产生了与西方欧美国家不同的跨国并购驱动异质性特征。弱不确定性规避文化是中国民营企业跨国并购驱动异质性特征因素产生的原因。在文献综述中提到国家文化维度模型中的不确定性规避理论为研究跨国并购异质性特征的生成机理提供了新的思路及工具，不确定性规避理论将中国所处的文化环境具体量化，根据不确定性规避指数辨析出中国社会文化为弱不确定性规避文化，而弱不确定性规避文化背景则会在根本上影响中国民营企业跨国并购的驱动力和行为方向。为了验证本章的观点，本书将通过分析国际品牌、核心技术、国际化经验这三个异质性特征与弱不确定性规避文化背景的关系，证明弱不确定性规避文化背景是中国民营企业跨国并购异质性驱动特征生成机理这一观点，为此本章将逐一列出中国民营企业异质性驱动特征的不确定性规避表象，并分析各个表象之下的内在本质，挖掘出异质性驱动特征与不确定性规避之间的关系，揭示出中国民营企业跨国并购异质性驱动特征生成机理，从而构建出异质性资源导向型跨国并购驱动特征模型。

如在文献综述所阐述，弱不确定性规避文化背景的企业会倾向拥有更多的新品牌。以上三个并购案例中的中国民营企业通过并购拥有了国际知名的新品牌。跨国并购是一项在陌生的地域或领域进行创新的活动，按照弱不确定性规避文化的定义，弱不确定性规避文化影响下的企业会避免在陌生的环境下冒险，通过跨国并购可以帮助民营企业更容易地规避获得国际成熟品牌的风险，其优势表现在品牌建立时间优势及认知程度优势。由于品牌受商标法保护，品牌的唯一性在法律上得到了支持，如联想得到的 Thinkpad 品牌、吉利得到的 Volvo 品牌、中联重科得到的 CIFA 品牌都属于企业拥有的独占资源。在跨国并购之前，中国民营企业的品牌虽在中国本土有较强的号召力，但在国际市场上并没有较高的知名度。选择在海外建立分公司或采取出口贸易的方式虽然可以在海外购买到土地、设备等资产，但由于相关商标法律法规的存在，其他国际化方式无法直接获得某一种已经获得海外市场信任的成熟品牌，因此选择采取在海外建立分公司或出口贸易的中国民营企业只能继续使用中国本土的品牌或重新申请没有任何知名度的品牌，然而任何一个中国民营企业要想在海外建立起成熟的品牌形象则需要很长的时间，在品牌建立期内，中国民营企业需要在陌生的国际市场面对这一风险，这种风险是处于弱不确定性规避文化影响下的民营企业所不愿承担的。而通过跨国并购获得的国际品牌可以帮助企业节省大量的时间直接获得一个已经建立起来并且已经获得海外市场认可的成熟品牌，此外，通过将国际成熟品牌引入中国市场或使用已经获得国外消费者认可的国际品牌，中国民营企业可以在中国本土市场提高自己的品牌形象或在国际市场直接捆绑已成熟的品牌。中国民营企业可以利用品牌已经建立的知名度及其追随人群提高产品在国内市场及国际市场的份额，并且可以利用国际品牌避免国外客户因品牌认知度不足而对中国民营企业的产品丧失购买兴趣。选择其他国际化道路所建立的品牌不被客户熟悉，因此必然会面对客户认知的不确定性，虽然企业可以采用投放广告或其他方式来部分规避这一风险，但这种方式相较于通过跨国并购而言承担的风险更大，因此在弱不确定性规避文化背景下，可以最大限度地帮助企业避免在陌生环境下冒险的跨国并购方式成为中国民营企业获得国际品牌的最佳方式。

按照霍夫斯泰德对于不确定性规避的定义解释，弱不确定性规避文化背景下的企业并不善于将研究成果转化为产品和服务。在本书的案例中，民营企业都希望通过跨国并购来获得被并购方的核心技术及产品。这是因为跨国并购是一项在陌生的地域进行的经营管理活动，弱不确定性规避文化影响下的企业会尽量避免在陌生环境下冒险，而期望通过最稳妥的方式在国际经营环境中获得核心技术。通过跨国并购获得核心技术的风险规避优势表现在专利获得优势和技术黏性摆脱优势。和品牌一样，由于大部分核心技术，如 Thinkpad 的硬盘核心技术、Volvo Car 的安全核心技术受专利法保护，所以核心技术的唯一性在法律上得到了支持。核心技术的专属性导致民营企业可以将没有掌握该技术的其他竞争者排除在某些特殊领域。例如，联想并购得到的 IBM 稳固硬盘技术是应用在军工企业的专属专利技术，因此在军工领域，联想可以依靠这项核心专利技术将没有此项技术的其他竞争者排除在外。又如，吉利可以依靠 Volvo Car 在安全上的领先技术将对安全性考虑较高的汽车买家纳入自己的销售领域。使用在海外建立分公司或采取出口贸易方式的中国民营企业会被某些海外企业所拥有的核心技术"屏蔽"在某些专有领域之外，这会导致获得核心技术的风险增加并且无法规避，因此使用跨国并购的方式更容易规避专利技术上的风险。此外，核心技术具有较大的黏性，这使得某个企业所掌握的独占核心技术很难从一家企业传导到另外一家企业。核心技术的主要形式——专利及企业技术所依靠的研发团队需要较长时间和非常良好的研发环境才得以建立。核心技术的优势建立往往需要数代人的努力，通过技术积累和迭代研发及依靠所在国的良好研发环境才可以取得。例如，IBM 的技术优势是建立在美国数十年技术领先环境及几代 IBM 研发团队共同努力的基础之上。中国民营企业的竞争优势往往建立在成本环节之中，并且中国民营企业自身技术研发环境大部分落后于欧美等发达国家同类型企业，因此中国民营企业在核心技术上没有模仿西方企业的基础，跨国并购的形式可以比较容易摆脱技术黏性的不确定性从而直接获得已经成型的研发成果。其他国际化方式则无法摆脱技术黏性从而获得其核心技术，更重要的是其他国际化方式同样无法直接获得成熟的研发团队和研发环境。因此，在弱不确定性规避文化背景下，可以帮助企业在陌生国际环境下稳妥地获得核心技术的跨国并购方式成为中国民营企业获得核心技术的最优方式。

霍夫斯泰德认为弱不确定性规避文化背景下的企业重视经验及关系，而强不确定性规避文化背景下的企业重视技术解决方案。缺少国际市场经营经验的中国民营企业在陌生的国际环境中需要通过风险最小的方式来获得国际化经验。通过跨国并购方式获得国际化经验的风险规避优势表现在经验获得时间缩短优势和经验黏性摆脱优势。对于中国民营企业来说，国际化经验最大的作用是将中国民营企业带入西方企业"圈子"内，使中国民营企业熟悉西方市场和西方企业的游戏规则及运作方式，从而在西方市场上立足。如果中国民营企业选择在欧美发达国家或地区建立分公司的方式则无法直接获得国际化经验，因为这类中国民营企业并没有足够的时间去积累相关的知识、经验、人脉及运营技巧。这可能导致企业在海外生存的风险增大。而使用跨国并购的方式可以缩短国际化经验的获得时间，可以使中国民营企业更为容易地直接使用这些经验用于经营。另外，与国际品牌及核心技术等异质性驱动特征不同，国际化经验并没有相关的专利法律保护，但国际化经验的黏性要大大强于品牌、技术等其他的非物质资源，因为国际化经验的载体是企业的员工，而经验是通过体验或观察某一事件后所获得的心得并应用于后续作业、难以被文字及其他信息媒介记录并传播的资源。国际化经验是由企业员工在国际上通过几十年甚至更长的时间经营管理所获得的非物质资源，这些经验需要一代又一代的员工试错、改善、传承才可能被企业运用自如，如 IBM 的国际化经验甚至是由超过百年的国际市场经营所得，因此国际化经验很难通过一般的方式进行传导。中国民营企业在改革开放之后与国际市场的交流主要集中于贸易加工等初级经贸形势，相对而言缺少国际化经营的经验积累，因此采取其他国际化道路无法在短期内获得具有黏性的国际化经验。在自如的运用国际化经验之前，企业可能会经历大量的挫折和失败，这些不确定性甚至可能会导致企业面临成本过高、持续亏损等诸多问题。而通过跨国并购，中国民营企业可以直接获得被并购企业的员工，从而间接获得员工所承载的国际化运营经验。虽然中国员工无法直接使用这些海外企业员工所具有的经验，但相比较其他的国际化方式而言，跨国并购的方式使得中国民营企业可以通过使用被并购对象员工的方式来部分规避不能获得国际化经验的风险，从而更为容易地规避因国际化经验不足而对企业带来的伤害。处于弱不确定性规避文化背景下的中国民营企业通过跨国并购的方式可以使企业在最小风险下获得重要的国际化经验。根据以上对跨国并购驱动阶段异质性特征的探索，本书尝试构建无形资源导向型跨国并购驱动特征模型，如图4.5所示。

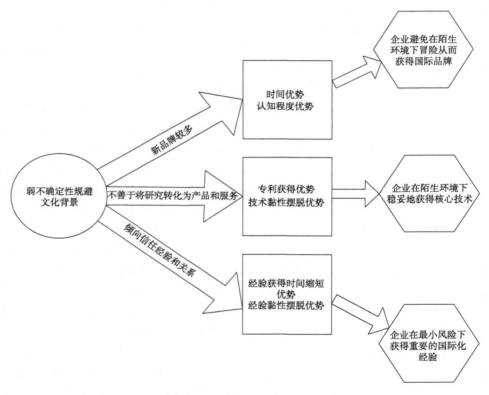

图 4.5　　无形资源导向型跨国并购驱动特征模型

二、模型讨论

通过模型的构建，本章初步探索出文化背景—跨国并购驱动优势—无形资源导向这个三层放射式理论模型。与国际生产折衷理论及其延伸型跨国并购驱动理论模型不同的是，本书不是着眼于跨国并购驱动因素的单一层次理论解释，而是将研究所得异质性驱动特征因素作为深入研究的目标，以迭代的方式深入剖析驱动特征因素背后所隐藏的生成原因，采用"剥洋葱"的迭代方式层层推进分析其深层次的理论构念。例如，通过对所得跨国并购异质性驱动特征之一的国际品牌背后所隐藏的跨国并购时间优势和认知程度优势进行深入分析，并与弱不确定性规避文化中的企业具有多个新品牌的特质进行印证，从而得出弱不确定性规避文化、跨国并购异质性驱动特征、国际品牌三者之间的关联关系。通过这种方式逐一对核心技术、国际化经验这些异质性特征进行理论推演，使用层层递进的迭代方式构建出无形资源导向型跨国并购驱动特征模型，该理论模型并不仅仅满足于简单地揭示中西方不同的跨国并购异质性特征及其产生的表层理论解释，更注重尝试阐述这些异质性特征生成的理论本质与内涵。

　　如前文所述，西方学者对于跨国并购驱动阶段多是从规模、投资、市场、效率和协同等经济学视角进行研究，而本书的理论模型则是从国家文化视角初步揭示了弱不确定性规避文化背景下的中国民营企业需求导向与文化环境和民营企业跨国并购驱动异质性特征产生的逻辑关系。一方面，弱不确定性规避文化背景下的中国民营企业具有希望拥有更多的新品牌、信任关系且不善于将研究成果转换为产品和服务的特质，另一方面，作为国际化方式之一的跨国并购则拥有快速获得国际品牌、核心技术、国际化经验等方面的多种优势，中国民营企业在此内外因素共同影响下，在跨国驱动阶段产生了与西方国家不同的异质性特征，弱不确定性规避文化背景则是异质性特征生成的主要原因。该理论模型为从国家文化视角来探索跨国并购异质性驱动特征及其生成机理提供了一定的借鉴意义。

第六节　本　章　小　结

　　本章首先通过对联想并购 IBM PCD、吉利并购 Volvo Car 及中联重科并购 CIFA 的案例进行分析，采用探索性多案例研究方法系统地揭示了中国民营企业的跨国并购驱动特征，其次通过与西方跨国并购驱动特征研究的经典结论对比，得出中国民营企业跨国并购异质性驱动特征，最后用不确定性规避理论深入探索中国民营企业跨国并购驱动异质性特征生成机理，采用迭代研究方式构建出无形资源导向型跨国并购驱动特征模型。研究结论表明，国际品牌、核心技术、市场份额、国际化经验是中国民营企业在跨国并购驱动阶段所具有的特征。在此基础上将研究结论与西方经典的跨国并购驱动特征研究成果进行对比，得出中国民营企业跨国并购异质性驱动特征是国际品牌、核心技术、国际化经验，并逐项分析异质性驱动特征和不确定性规避文化之间的关系，通过以上研究构建了无形资源导向型跨国并购驱动特征模型。本书认为，在国际化进程中，缺少国际化经验和能力的中国民营企业在陌生的国际市场倾向于使用可以保护自身快速且稳妥发展的跨国并购方式来获得国际品牌、核心技术、国际化经验用于自身的经营，从而保护自身规避风险，突破发展瓶颈。

第五章　中国民营企业跨国并购
交易阶段研究

　　本章的研究目的是解析第三章研究框架提出的中国民营企业跨国交易特征、异质性交易特征及异质性交易特征生成机理。交易阶段是并购方通过某种支付手段来从形式到法律上获得被并购目标的阶段，同时也是中国民营企业跨国并购交易特征生成阶段。本章认为中国民营企业交易阶段异质性特征生成机理是中国社会的弱不确定性规避文化导致缺乏并购交易经验和知识的中国民营企业选择具有合作关系和经验的中介机构来辅助控制交易的决策及交易的过程，以避免在陌生的国际跨国并购交易领域冒险，从而最终完成跨国并购交易。为验证研究的假设，本章首先对以往中外跨国并购交易相关文献进行回顾，对目前文献进行总结的同时，提出需要针对中国民营企业跨国并购交易阶段进行研究的区域与问题。其次，通过案例研究法归纳总结中国民营企业跨国并购交易特征。在此基础之上将所得的中国民营企业跨国并购交易特征与西方经典跨国并购交易特征结论进行对比，得出中国民营企业的异质性交易特征。最后，通过引入不确定性规避理论，将中国民营企业跨国交易异质性特征与不确定性规避理论放入中国本土环境中进行分析得出中国民营企业跨国并购交易异质性特征生成机理，进而构建出经验导向型跨国并购交易特征模型。

第一节　跨国并购交易阶段研究的
问题提出

　　并购交易阶段在整个跨国并购的研究中具有非常重要的地位。交易是跨国并购成功的首要条件[134]。目前针对跨国并购交易的学术研究大多数着眼于跨国并购交易本身所具有的不确定性及跨国并购中介机构与跨国并购交易不确定性的关系这一线索进行[135]，本节也会遵循这一线索进行相关研究成果的介绍。

国际经营中的不确定性又称为国际风险。国际经营中存在着多重不确定性，且远远高于本土经营的不确定性[136]。跨国并购交易不确定性是一种特殊类型的国际不确定性，跨国并购活动的复杂性和不确定性要高于其他形式的国际经营[137]。西方学者对于跨国并购交易不确定性研究的理论主要针对信息的不确定性及文化的不确定性，萨德·苏达斯纳通过对德国、意大利、美国、日本、澳大利亚、新西兰等国家的多宗跨国并购交易案例进行研究，认为会计、股票、监管的信息不确定性会给跨国并购交易带来很大的障碍[138]。并且在交易过程中，文化和惯例的不确定性会使交易充满敌意，交易双方的不同文化价值体系使得交易会受到非理智性的干扰，从而导致并购失败。杰罗姆·布鲁纳（Jerome Bruner）从文化差异角度研究跨国并购交易，认为不同文化差异的不确定性将会给跨国并购交易带来负面影响[139]。中国学者对于跨国并购交易不确定性则大多数从政治及文化因素方面考虑。王诚志认为中国政府的政策及财政支持使得企业具有进行跨国并购交易的金融资本。虽然政府的支持会在很大程度上给予企业资金便利，但这也导致政府对并购的态度成为并购最大的不确定性因素。政府支持的不确定性将在一定程度上决定中国企业跨国并购交易能否成功[7]。他认为政治不确定性是一个与国家主权有关的不确定性因素。战争、内乱等政治因素变动将会削弱并购交易的安全性。同时国家管制的不确定性也会使资本不能有效地进行转移，从而影响跨国并购交易。叶建木认为政治的不确定性是企业无法控制的，企业只能在并购前全面进行评估并做出企业本身可以承受的交易决策[10]。闵剑从政策的监管角度研究认为，中国企业对欧美企业的跨国并购处于完全不同的法律体系框架之中，并且通常还需要经历烦琐复杂的审批程序。东道国的审批和法律的不确定性有可能会终止中国企业的跨国并购[20]。闵剑认为，必要时可选择聘用具有游说政府能力的特殊顾问来保证审批的顺利进行。邓沛然从文化差异的角度，通过历史文化、制度文化两个切入点对比中西方企业的价值观差异、行为规则差异、人力资源差异和风俗习惯差异，他认为这些差异会给并购交易带来不确定性，这些不确定性可能会使双方在行为和观念上产生冲突。如果一方企业自恃自己的文化价值观优越，在行为上以原有的标准对待与自己有不同文化价值观的员工，必然会遭到抵制，从而给企业的交易埋下危机。他认为需要对文化的优劣势进行分析，做到知己知彼，并对并购文化不确定性进行识别与评价，以降低文化冲突爆发的可能性[43]。

学者们对于中介机构在并购交易中的作用有较大的争议。部分学者认为中介机构在跨国并购中可以起到规避或消除不确定性的作用。Song 和 Kpettit 认为中介机构可以给并购方提供所需要的信息及能力，规避信息不对称等多重交易不确

定性[140]。Bao 认为在具体的并购交易过程中，中介机构可以在交易中帮助企业识
别目标，摆脱交易过程中的目标不确定性[141]。Schüller 认为，中介机构可以对被
并购目标进行尽职调查活动，帮助企业提高与被并购目标的信息透明度，降低价
格经营等方面的不确定性[142]。Bloch 认为，在与相关方进行谈判时，中介机构可
以参与谈判过程起到辅助谈判的作用，作为并购方与被并购方的沟通桥梁，通过
减少沟通的不确定性从而在整个交易过程中起到保险的作用。也有部分学者认为，
中介机构在跨国并购交易中没有起到规避或消除不确定性的作用[143]，相反起到了
增加不确定性的消极作用。持这类意见的学者的研究大多都建立在中介机构的利
益无法与并购企业的利益保持一致的观点上。Hunter 认为，中介机构在帮助企业
进行价格谈判时为了尽快达成交易，或为了某种特定目的可能牺牲被并购企业的
利益而使得交易定价不合理[144]。Porrini 认为，并购企业无法有效地监控中介机构
的行为及产生的结果，这使得中介机构本身也变为一个需要控制的不确定性因素，
使得并购企业陷入委托代理困境[145]。Hayward 从市场垄断的角度研究认为，中介
机构本身具有市场垄断倾向，在为并购企业服务时，中介机构会具有排斥其他中
介机构的倾向，这对并购交易也会产生不利的影响[146]。跨国并购交易研究文献的
总结如表 5.1 所示。

表 5.1　跨国并购交易研究文献的总结

区域	视角	代表学者	观点
欧美	信息不确定性	萨德·苏达斯纳	会计、股票、监管的信息不确定性会给跨国并购交易带来很大的障碍
欧美	文化不确定性	杰罗姆·布鲁纳	不同文化差异的不确定性将会给跨国并购交易带来负面影响
中国	政治不确定性	王诚志、叶建木	政治的不确定性是企业无法控制的,政府支持的不确定性将在一定程度上决定企业并购交易能否成功
中国	文化不确定性	邓沛然	中西方文化差异给并购交易带来不确定性,需要对文化的优劣势进行分析
欧美	中介规避不确定性	Jack Bao	中介机构可以在交易中可以帮助企业识别目标,摆脱交易过程中的目标不确定性
欧美	中介规避不确定性	Schüller	中介机构可以对被并购目标进行尽职调查活动,帮助企业提高与被并购目标的信息透明度,降低价格经营等方面的不确定性
欧美	中介规避不确定性	Bloch	中介通过减少沟通的不确定性从而在整个交易过程中起到保险的作用
欧美	中介增加不确定性	Hunter	中介机构使得交易定价不合理
欧美	中介增加不确定性	Porrini	中介机构本身也变为一个需要控制的不确定性因素,使得并购企业陷入委托代理困境
欧美	中介增加不确定性	Hayward	中介机构会具有排斥其他中介机构的倾向,这对并购交易也会产生不利的影响

中国跨国并购交易相关研究趋势如图 5.1 所示。

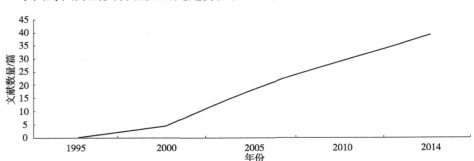

图 5.1　中国跨国并购交易相关研究趋势
资料来源：CNKI 数据库

通过对企业跨国并购交易的不确定性及中介机构作用的文献进行分析不难发现中外学者对跨国并购交易的理论，尤其对西方企业跨国并购交易的相关理论进行了较为深入的研究。与针对跨国并购驱动阶段研究相同的是，针对企业跨国并购交易的特征研究较为缺乏。少量针对中国企业跨国并购交易阶段的研究也并未将中国企业所处的特殊环境作为参考变量纳入研究体系中。在跨国并购交易阶段，中国民营企业与西方企业所处的外部环境及内部环境差异较大。例如，在外部文化上，中国的文化起源于黄河文明的农耕文化，而西方发达国家的文化大多起源于古罗马文明，因此，发生于西方国家之间的跨国并购交易所经历的文化差异要远远小于中国与西方国家之间的跨国并购交易所经历的文化差异。在企业内部的日常工作中，中国民营企业的高层管理者具有较大的话语权和经营决策权，而西方发达国家的企业员工则具有比中国民营企业普通员工更大的影响力，这些存在的差异会影响中国民营企业跨国并购的过程使之产生与西方企业不同的跨国并购交易特征。本章力图通过研究回答以下几个问题：在跨国并购交易过程中，中国本土的民营企业跨国并购特征是什么？和西方企业的跨国并购交易阶段相比较，中国民营企业跨国并购异质性交易特征是什么？中国民营企业跨国并购异质性交易特征生成机理模型是什么？

第二节　案 例 分 析

联想完成跨国并购交易的过程实际上是联想不断地联合并购中介机构并最终形成并购网络来实现成功交易的过程。在这一阶段中，不同的中介机构在整个并购网络中处于不同的地位并围绕联想和 IBM 执行自身的任务来推动交易的成功。

麦肯锡咨询公司（以下简称麦肯锡）作为核心并购伙伴，担任并购战略顾问，从事战略规划与运营任务，并参与了谈判、定价等几乎所有并购工作，除了普通的并购战略顾问角色，麦肯锡还充当了其他中介伙伴的监管者的角色以帮助联想更好地控制其他中介伙伴。TPG（德州太平洋集团）与 GA（美国泛大西洋投资银行）担任投资银行角色参与了谈判、尽职调查、融资等多项工作。普华永道会计师事务所（以下简称普华永道）担任财务公司角色，主要工作是对被并购方进行企业估值、财务审计、税务等工作。奥美公共关系国际集团（以下简称奥美公司）作为公关顾问负责宣传与政府沟通工作。

一、并购交易启动阶段——战略顾问介入

由于业务转型需要，IBM 在 2003 年准备出售其名下的 PCD。此时的联想正遭遇转型时期的困难，联想赖以生存的成本优势随着国内用工成本及配件采购成本不断上升而抵消，而欧美一线品牌，如惠普和戴尔公司，则凭借代工机制不断地降低 PC 产品的价格。与这些国际 PC 企业相比较，没有过人的品牌、技术及国际化经验优势的联想希望通过并购国际一线 PC 集团从而摆脱单纯依靠成本优势的战略。但对于联想来说，其本身并没有相应的知识及经验可以确保交易的成功。从联想内部来看，此时的联想毫无跨国并购经验，联想也从未从事过如此大型的跨国并购活动，并且联想内部也没有任何团队拥有跨国并购的经验。从中国的整个环境来看，当时中国从未有过如此大型的跨国并购案例，联想也没有任何成功或失败的案例进行借鉴。而反观 IBM，其具有非常丰富的并购经验。在与联想进行商谈之前，IBM 在软件、存储、服务等领域先后并购了莲花软件、Rational、Informix、普华永道资讯事业部等多家行业的知名公司。经历过多起跨国并购交易的 IBM 具有丰富的并购能力、经验和知识，在 IBM 内部也有专门的经验丰富的专家团队。在这种经验及知识严重不对等的情况下，联想急需一个跨国并购伙伴来帮助联想梳理头绪，这个并购伙伴必须拥有丰富的跨国并购经验并且全面了解联想的业务状况。这个并购伙伴需要为联想分析出其是否应该并且是否有能力去并购 IBM PCD，最重要的是这个并购伙伴必须是联想所熟悉并信任的伙伴。因为联想需要的不仅是普通的战略咨询作用，还需要从联想的利益出发为联想做出正确的战略选择。这种战略选择的结果在某种程度上将决定联想的未来。当时世界第一大战略咨询公司麦肯锡正在帮助联想制订三年战略计划。在长期的合作中，麦肯锡的专业团队已经赢得了联想高层管理者的信任，由于长期驻守联想进行咨询项目，麦肯锡已经很熟悉联想的业务及能力，所以虽然麦肯锡并不是专业从事并购的投资银行机构，也无法为联想的并购提供融资，联想还是邀请麦肯锡中国区合伙人吴亦兵参与 IBM 的会谈中。麦肯锡成为联想并购的第一个中介伙伴。

　　麦肯锡相当重视与联想的并购合作。对于麦肯锡来说,如果将联想并购 IBM 交易案例与麦肯锡的名字联系在一起将大大有利于提高麦肯锡将来在中国企业并购界的地位。为此麦肯锡前中国区主席欧高顿亲自向联想的核心决策层介绍跨国并购相关知识,详尽地介绍当前欧美发达国家跨国并购的收益、风险、审批等各种要素及可能出现的状况。在与麦肯锡会谈之后,联想与麦肯锡决定指派麦肯锡高级管理人员吴亦兵带领麦肯锡团队全程参与联想和 IBM 的初期谈判工作。出于企业信息安全考虑,跨国并购交易的国际惯例是并购顾问公司不直接介入客户方的并购运作,而只负责制定并购战略与方案,由具有融资和尽职调查功能的投资银行和并购公司进行具体方案实施。但联想并不知道应该如何有效地利用投资银行来保证交易的成功,因此联想不仅需要麦肯锡进行普通的并购战略制定,还需要麦肯锡帮助联想控制投资银行及其他中介伙伴。为了配合并购工作,联想从各个部门抽调了数十名业务骨干参与并购项目。因为无论是 IBM 还是帮助联想并购的中介机构都非中国本土企业,所以为了保证与 IBM 和并购中介机构的顺利合作,人事部门对于联想所抽调的员工设置了具体的标准,要求参与并购的联想人员必须拥有大学本科以上学历并且非常了解本部门的业务状况,并具有海外留学经历或工作经历,最好拥有在其他外国全资企业工作的经历。所有重要的业务部门,包括战略、产品、销售、财务、人事等部门均派出一名总监以上级别的高级经理作为本部门的并购负责人,该负责人负责处理本部门的并购决策并与联想并购总负责人进行沟通。另外,各部门选出 2~3 名英文流利的部门业务骨干负责处理并购的具体事宜。这些业务骨干在并购期间处于本部门并购负责人的领导下,其中一人专门负责与并购中介机构进行接触,作为中介机构与联想的沟通桥梁,同时所有的并购骨干负责与中介机构一起进行尽职调查、估价、报价等具体工作。当遇到具体问题时中介机构和联想并购骨干共同汇报给联想部门并购负责人,由部门并购负责人进行决策。麦肯锡与联想在与 IBM 谈判过程中尽量避免使用收购、并购之类的词语。按照麦肯锡的方案,谈判题目为"共同商业计划"(Joint Business Plan)。按照麦肯锡的判断,并购成功之后 IBM 仍然会保留联想的一部分股份,因此双方谈判从共同合作的角度进行。麦肯锡所提出的较为保守的并购方案使联想与 IBM 的初期并购谈判进行得比较顺利,双方在采购、人员安排、协同效应、品牌归属等各个领域进行了非常细致的会谈。在历时六个多月的谈判中,联想的所有职能部门都参与了细微条款的会谈。麦肯锡团队则负责将所有职能部门谈判的结果归纳整合成固定规格的文档交给联想与 IBM 的最高层领导审核签字。在这种工作模式下,麦肯锡团队成为联想跨国并购交易中的核心中介伙伴。

二、并购交易发展阶段——投资银行的介入

在麦肯锡的参与下，联想理清了并购的思路，做出了决定并购 IBM 的战略计划。但深入了解 IBM PCD 的价值和经营状态及寻求足够的资金来并购 IBM PCD 成为摆在联想面前的新问题。在欧美发达国家的并购交易流程中，这一系列的问题需要专业投资银行使用尽职调查的手段和融资的方法解决。尽职调查是了解被并购对象的各个职能部门的运作情况，从而为并购方提供被并购对象情报的工作。在投资银行方面，联想找到曾为联想控股下的神州数码公司做过拆分项目的 GA 进行并购的战略准备与尽职调查工作。同麦肯锡一样，GA 也是曾经帮助联想进行专业咨询项目的合作伙伴，因此当联想需要投资银行介入的时候，GA 首先成为联想的选择对象。但 GA 并没有经验丰富的并购运营团队来帮助联想这样的跨国并购新手来完成具体的尽职调查及谈判事宜。在尽职调查中，需要拥有丰富企业运营知识的专业人士来判断目标企业的运营状态。例如，在尽职调查中的 IT 方面，投资银行需要帮助联想确定 IBM PCD 的 IT 运营费用的使用情况，摊销 IBM 的整体 IT 部门的费用比例及并购之后联想整合 PCD 的 IT 系统的可能方案及费用。在这方面，GA 无法给予联想更多的帮助。此时联想邀请全球最大的私募基金 TPG 加入并购交易。在与 IBM 的谈判中，TPG 曾是联想的竞价者。当谈判中的报价超过 10 亿美元后，TPG 退出了与 IBM 的谈判，这是因为 TPG 的目的是短期获利而非长期运营企业，所以超过 10 亿美元的报价会使 TPG 这样的投资银行无法通过短期买卖获得利润。在退出竞价之后 TPG 主动与联想谈判的负责人联系，希望与联想共同并购 IBM PCD 以达到转移长期运营风险的目的。TPG 的两位创始人戴维·邦德曼（David Bonderman）和吉姆·库尔特（Jim Coulter）专程与联想决策者会面。通过会谈，TPG 加入了联想并购的网络成为联想并购案的主要投资银行伙伴。与 GA 相比，TPG 是比 GA 更为专业的投资银行。最吸引联想的是 TPG 还有一支经验丰富的尽职调查团队，而 GA 并没有此资源。TPG 加入后，在各个部门的专业尽职调查及后期整合方案等具体运营细节方面，如人力资源、信息系统，给予联想非常大的支持。另外 TPG 与麦肯锡这两大中介机构很快形成了协同关系共同为联想服务。作为主导过多次大型跨国并购的 TPG 的强项在于了解如何在堆积如山的信息文档中挖掘出有用信息，而作为世界第一大咨询公司的麦肯锡的强项则是分析企业的信息。例如，在物流业务的谈判中，IBM 会提供物流数据报告，但联想需要 TPG 与麦肯锡替自己做出真实的判断来取得谈判中的主动权并作为出价的依据。TPG 根据大量的库存信息文档，梳理出 IBM 的各式台式电脑、笔记本式电脑的库存周期、运输周期、方式、费用，以及零部件的组装时间、代工商的代工时间、费用等物流相关信息。麦肯锡将这些物流信息与行

业领先者的物流信息进行对比，并同联想的历史物流信息进行对比分析，得出 IBM 目前的物流优劣势汇总，并测算联想并购之后整合物流系统的费用、难点，最终得出 IBM 物流的完整分析报告。联想则采用麦肯锡与 TPG 联合完成的分析报告减少物流信息的不确定性。美国投资银行 TPG、GA 的进入使得全球对联想并购 IBM PCD 的信心大增，美国媒体直接使用"信心的一票"作为报道标题介绍 TPG 加入联想并购案。除了参与并购的尽职调查工作，TPG、GA 同时向联想提供 3.5 亿美元的战略投资，以供联想收购 IBM PCD 业务使用，这一战略性交易为联想提供了除商业银行外的另一条融资渠道。通过 TPG 和 GA 这些专业投资银行的加入，联想进一步掌握了 IBM 的经营情况信息及获取资金用于并购。

三、并购交易深入阶段——财务中介的介入

在跨国并购交易中，与财务相关的工作不是由战略顾问或投资银行来完成，而是由具有财务资质的会计师事务所完成。IBM 是在美国上市的美国公司，而联想是在香港上市的中国公司。分属于两个国家的上市公司并购需要专业审计师按照美国及香港的财务准则进行账目审计以控制并购的财务风险。而在谈判中，需要专业的会计师对 IBM PCD 的历史报表进行价值评估，以及对未来并购后的盈利或亏损情况进行预估。联想也需要专业的财务顾问与投资银行共同合作来进行融资费用的安排。更重要的是，联想需要专业会计师、审计师、税务专家确认 IBM 的财务和税务处理中没有任何违法的可能性，否则并购之后可能会使联想陷入无休止的诉讼中。联想选择美国第一大会计师事务所普华永道帮助联想进行财务并购相关的工作。在并购之前，普华永道是负责联想审计工作的公司。联想是香港股市的上市公司，每年需要向股东公开相关经营的财务报告，普华永道则负责联想相关财务数据及报表的审核工作。普华永道拥有大量专业的会计、审计、税务等相关的专业人才，具有良好的商业声誉。因此在需要财务中介伙伴时，联想邀请已经具有多年合作经验的普华永道加入进来。普华永道主要负责提供财务相关的服务，在联想跨国并购案中，普华永道的职责主要包括按照美国通用财务准则（Generally Accepted Accounting Principles，GAAP）及香港通用财务准则（Hong Kong Accounting Standards，HKAS）审计 IBM 公开的会计报表，且提供具有法律效应的审计结果报告。普华永道还对 IBM 公开给联想的账目及年报进行估值，推算出 IBM 的净现值，并对 IBM PCD 拆分出来所应负担的债务及盈利进行预算，估算出联想并购所产生的税费，最终估算出联想所需的融资总额、融资费用和并购后的整合费用。同时普华永道也需要和麦肯锡等其他中介机构一同确认联想的出价在一个合理的范畴，以及 IBM PCD 并没有财务上的风险或法律诉讼。普华永道的会计师和审计师还参与

了所有与财务有关的项目方案的制订。并在任何与财务、税务相关联的业务讨论中向联想、麦肯锡和 TPG、GA 等提供咨询意见，协助联想制定并购之后可控和可监督的财务管理制度。

四、并购交易完成阶段——公关中介的介入

文化隔膜、沟通障碍及政治阻力也给联想并购交易造成了巨大的不确定性。只有 20 多年历史的中国民营企业并购美国 IBM 在美国商界、政界造成了较大的影响。由于美国缺乏对中国民营企业全面的了解及冷战思维的影响，当时大多数美国人认为中国的民营企业只是廉价商品生产者。并且美国民间和政府官员均对联想并购 IBM PCD 表示出担忧，美国国内的多名官员及议员公开呼吁阻止并购或延期并购，他们担心联想并购 IBM PCD 将会给美国信息领域及高科技领域带来安全隐患。在这种情况下，联想急需在美国具有强大公关实力且了解联想的公司帮助美国了解联想，最重要的是帮助美国官员了解联想以确保联想并购案的审批通过。奥美公司在 2001 年成为联想的公共关系公司，其主要的职责是负责联想国际市场的推广工作，同时奥美公司也是 IBM 的公共关系公司，负责 IBM 的全球产品宣传工作，以及担负与政府和其他组织沟通的任务。由于奥美公司在美国公共关系领域具有非常深远的人脉及影响力，所以联想决定聘用奥美公司负责联想并购案的公共工作，奥美公司通过同媒体沟通和为联想准备相应的宣传资料，减少美国工会、民众、政府多方面对联想的负面影响。例如，美国大多数媒体对联想企业的并购行为持怀疑态度，认为联想的并购会造成美国技术的流失及 IBM 员工的减薪和失业。奥美公司帮助联想打消美国各方面的疑虑，保障与 IBM 谈判时的良好环境。同时联想承诺完成并购交易后不会发生大规模裁员及五年内对 IBM 员工不减薪的政策，对联想并购案的顺利进行起到了很大的帮助作用。联想并购 IBM PCD 的谈判成功后，还需要经过美国联邦贸易委员会（Federal Trade Commission，FTC）及美国外国投资委员会（Committee on Foreign Investment in the U. S.，CFIUS）的审批。美国联邦贸易委员会主要审查并购是否会造成行业垄断。由于联想即使并购成功 IBM PCD 也只占全球市场 PC 出货量的第三位，所以联想的并购并不会造成任何的市场垄断，联想也顺利地通过了美国联邦贸易委员会的审查。美国外国投资委员会主要负责审查并购是否会给美国国家造成安全威胁或是否存在潜在安全威胁。美国国内的多名政府高官及议员表示出对并购的担忧，并呼吁 CFIUS 的领导人比尔·赖因施（Bill Reinsch）阻止并购或延期并购。在这些压力面前，美国外国投资委员会决定延长联想并购案 15 天，以便进行更深入的调查。这时联想聘用的奥美公司起到了非常关键的作用。奥美公司采用了聘用在美国政坛上有着非常大的影响力的美

国政府前任官员进行游说的方法，其中聘用的美国前总统乔治·赫伯特·沃克·布什（George Herbert Walker Bush）是当时美国总统小布什的父亲，聘用的美国前安全顾问布伦特·斯考克罗夫特（Brent Scowcroft）则在美国安全领域具有非常巨大的影响力。经过多方努力，联想终于在 2005 年 3 月初通过了美国外国投资委员会对 IBM PCD 收购项目的审批，并最终获得了并购交易的成功。

　　值得注意的是，在并购过程中，联想与麦肯锡、TPG 等中介伙伴的合作并非只有联想—中介的单一式合作模式，在其中也会有中介—联想—中介共同合作的模式。在这种共同合作模式下，一般以联想为主导或中心进行信息交互。例如，在尽职调查中，TPG 发现 IBM PCD 使用的某一信息系统具有巨大的信息安全隐患，如果联想并未很好地应对，在并购后联想将需要付出大量的资金用于该系统的维护，甚至有可能导致联想关键信息泄露从而对业务造成巨大损失。在这种情况下，TPG 将这一潜在风险通知联想的 IT 部门并购负责人，由该负责人邀请其他并购中介机构和联想各个部门的并购负责人进行会议磋商。大家在会议中商谈这一情况的应对方案，最后联想各个部门并购负责人一致决定由联想 IT 部门、麦肯锡与 TPG 共同负责该信息系统的潜在业务影响评估与提出未来解决方案，由联想 IT 部门、麦肯锡、TPG 与普华永道共同完成该信息系统潜在财务风险影响评估和对联想并购报价的影响评估，由麦肯锡将完成的评估与方案汇总成谈判标准文档，通过联想 IT 部门、财务部门的并购负责人的审阅后，交给联想当时的总负责人马雪征进行最后决策。马雪征决定由联想、麦肯锡、TPG、普华永道的负责人一同就该系统问题与 IBM 进行会谈，最终通过联想与中介机构的共同努力，IBM 方面承认该系统问题并保证在并购之前解决该系统问题。在以上的合作流程中，各中介机构各司其职，TPG 负责事件调查、麦肯锡负责事件分析和汇总、普华永道负责财务审计。联想则在关键方面进行组织与决策，主导整个流程的发展，尽量避免产生信息孤岛从而对并购造成负面影响。

第三节　中国民营企业跨国并购交易特征群

一、联想跨国并购交易特征——并购交易中介伙伴的选择标准

　　从以上的案例来看，在联想的跨国并购交易阶段中，并购交易中介伙伴是帮助联想完成并购交易的关键因素之一。联想在选择并购交易中介伙伴时首先的考量标准是对方与自身的合作关系和经验，其次的考量标准是对方的行业商誉。麦

肯锡与联想具有多年的合作关系，在并购之前，麦肯锡也是联想指定的战略咨询公司，在并购前麦肯锡正在为联想制定三年战略方案。通过多年的磨合，麦肯锡的长期服务获得了联想的认可，并且麦肯锡也已经非常了解联想的业务及能力。在行业商誉上麦肯锡是全球第一大战略咨询公司，在并购咨询行业中具有良好的声誉。GA 是联想旗下神州数码公司的第二大股东，也是全球非常知名的私募投资银行，与联想也具有多年的合作关系。虽然没有 TPG 的跨国并购服务功能，但由于取得了联想的信任，GA 还是在 TPG 之前成为联想的并购交易中介伙伴。而TPG 曾一度是联想与 IBM 谈判阶段的竞争者，并且 TPG 是由身为联想股东的 GA 介绍的，等于借用 GA 与联想的关系成为并购交易中介伙伴。另外 TPG 本身是全球的第一大私募投资银行，除了融资能力外，也具有 GA 所不具备的尽职调查等关键并购交易能力。普华永道是美国第一大会计师事务所，在并购之前，普华永道已经是联想的审计公司，在审计方面具有多年的合作经验。多年的合作经验和良好的商誉使得联想选择普华永道作为自身的财务中介伙伴。奥美公司在并购之前也和联想有两年左右的合作经验，非常了解联想的奥美公司依靠强大的公关能力可以将联想成功地介绍到全世界。联想并购交易中介伙伴选择标准如表 5.2 所示。

表 5.2　联想并购交易中介伙伴选择标准

中介伙伴	伙伴类型	服务类型	并购前合作经验	行业商誉
麦肯锡	战略咨询伙伴	并购交易指导	三年以上	全球第一大战略咨询公司
GA	投资银行伙伴	融资	三年以上	普通投资银行
TPG	投资银行伙伴	融资、尽职调查	无	全球第一大私募投资银行
普华永道	财务伙伴	财务调查	三年以上	美国第一大会计师事务所
奥美公司	公关伙伴	处理公关关系	两年左右	全球知名公关公司

从以上的分析来看，中国民营企业在并购交易时，对于并购交易中介伙伴的选择有着较为鲜明的特点。首先，中国民营企业选择并购交易中介伙伴的标准是中介伙伴是否拥有与自身较为良好的合作经验和关系，本书中的并购交易中介伙伴或多或少都与联想有过合作关系和经验，即使缺少合作经验的 TPG 也是借用拥有三年以上合作经验的 GA 的渠道成为联想的并购交易中介伙伴。其次，几乎所有的并购交易中介伙伴都拥有较为突出的行业商誉。本章所涉及的战略顾问、投资银行、财务公司、公关公司几乎都拥有本行业一流的商誉，因此可以总结出中国民营企业在跨国并购交易中以合作经验和商誉来选择并购交易中介伙伴，并主要以合作关系和经验为考量标准寻找并购交易中介伙伴。

二、联想跨国并购交易特征——交易网络

联想在跨国并购交易时选择战略咨询中介伙伴作为交易的核心中介机构，用以组成跨国并购交易网络。从联想并购交易阶段可以看出联想的并购交易网络是逐步完善的过程。在交易的启动阶段，麦肯锡由于具有和联想的紧密关系而最先介入并购。联想、IBM、麦肯锡组成并购交易核心网络。随着交易的发展，并购交易核心网络向外进行拓展，进入实质的操作阶段。根据不同的并购要求，具有不同功能的中介机构分别加入交易网络。具有融资功能和进行尽职调查的投资银行加入并购交易网络中来完成并购资金的注入，并与核心交易网络的成员一起完成尽职调查的各项工作，从而削减并购中的风险使得并购交易操作可以进行。随着交易工作的深入，财务中介和公关公司加入并购交易中。但投资银行、财务中介、公关公司这些中介机构处于并购交易非核心网络区域。麦肯锡与联想的合作与其他中介机构不同，相较于其他中介机构，麦肯锡在联想的并购交易网络中处于核心地位。麦肯锡是最早进入联想并购案的中介机构。在交易团队中，麦肯锡负责帮助联想整合其他中介机构提供的信息形成最终并购方案，并与联想一同制定并购战略，并且麦肯锡的并购负责人也进入了联想的并购核心决策团队，和联想的并购决策团队一起进行决策。TPG 等并购交易中介伙伴处于并购网络的外围发挥不同的作用，在麦肯锡的协调下为联想进行服务。在某些情况下，麦肯锡实际已经在某种程度上代替联想来管理其他中介机构，因此，中国民营企业在跨国并购交易网络构成时与战略咨询中介机构结成并购交易核心网络，与其他中介机构结成外围交易网络。联想并购交易网络如图 5.2 所示。

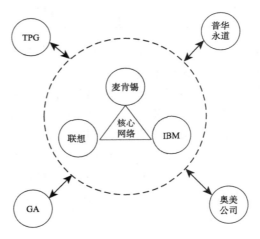

图 5.2　联想并购交易网络

通过对跨国并购交易阶段的研究归纳出交易的特征聚集于中介伙伴的选择及并购交易的网络构建，一方面，中国民营企业在跨国并购交易时主要以合作经验并参考行业商誉来选择并购交易中介伙伴；另一方面，中国民营企业在建设交易网络时与战略咨询中介机构结成并购交易核心网络，与其他中介机构结成外围交易网络。

第四节　中国民营企业跨国并购异质性交易特征

本书通过联想并购 IBM PCD 交易阶段的案例分析，从并购交易中介伙伴与中国民营企业合作的角度出发，分析出中国民营企业跨国并购交易的特征。在并购交易中介伙伴的选择上，中国民营企业首先会根据之前合作的关系和经验来选择并购交易中介伙伴。已经取得民营企业信任的中介伙伴会优先加入中国民营企业的并购交易中来，而在没有符合信任条件的伙伴的情况下，民营企业会参考其他企业在行业中的声誉进行选择。从并购交易网络的结构设置上来看，中国民营企业与战略咨询中介机构结成并购交易核心网络，而且战略咨询中介机构与投资银行在并购交易中起到类似的作用，都是为并购方提供信息、知识、经验来应对交易的风险，来弥补中国企业跨国并购经验不足，但是以战略咨询中介机构为并购核心网络的构成更能抑制投资银行短期获利与民营企业长期战略性并购目标之间的矛盾。

为了对比分析中西方企业跨国并购交易特征从而得出中国民营企业跨国并购异质性交易特征，本书选取了 Creating Value from Mergers and Acquisitions: The Challenges[147]中的交易阶段章节作为对比文献。这一研究专著是英国并购学者萨德·苏达斯纳对西方跨国并购战略、交易和整合的研究成果。萨德将跨国并购看做一个多阶段过程，他通过对数百个西方跨国并购案例的研究，对西方学者的跨国并购交易和整合特征研究结论进行了批判性检验和实证研究之后，系统地总结提炼了西方发达国家企业的跨国并购交易及整合特征，因此他的研究结论能够代表西方发达国家目前的研究成果，也适合作为比较分析的基准文献。该研究表明，在跨国并购交易时，西方企业选择并购交易中介伙伴的标准是中介机构在行业的声誉而非合作的经验，西方企业在跨国并购交易网络中与投资银行结成并购交易核心网络，而其他中介伙伴则处于交易网络的外围，中西方企业跨国并购交易异同特征如表 5.3 所示。

表 5.3　中西方企业跨国并购交易异同特征

类别	交易特征
中西方企业跨国并购共性交易特征	以商誉来选择并购交易中介伙伴
中国民营企业跨国并购异质性交易特征	主要以合作关系和经验来选择并购交易中介伙伴，与战略咨询中介机构结成并购交易核心网络

　　主要以合作关系和经验来选择并购交易中介伙伴反映出中国民营企业跨国并购在并购经验缺失的情况下借用信任的伙伴来代替自己进行并购交易决策与实施。由于中国民营企业缺少并购同行业国际大型企业的经验，所以对于并购时需要采用的流程、方式，以及自身的并购能力和并购后的结果缺乏认知。这迫使中国民营企业在并购交易时需要有熟悉跨国并购交易流程及相关知识的中介伙伴来协助甚至部分地代替其完成交易。而在挑选可以帮助自身进行并购的中介伙伴时，中国民营企业首先选择已经取得自身信任的中介伙伴。选择与自身有合作经验并已经取得自身信任的企业有利于在委托代理的情况下保持中介伙伴的利益与自身的利益一致，并且可以降低并购交易的风险，而选择行业中声誉较高但并未取得自身信任的企业并不能完全保证中介机构与自身的利益保持一致，但仍然可以帮助规避并购交易风险和提高交易的成功，这是因为行业声誉高的企业具有较高的职业水准，在帮助客户完成并购交易的工作上具有公认的成功率保证。

　　与战略咨询中介机构结成并购交易核心网络而非西方式的与投资银行结成并购交易核心网络，反映出中国民营企业希望通过与自身具有合作关系和经验的战略咨询中介机构合作来避免在陌生的跨国并购交易中冒险，从而稳妥地完成并购交易。西方企业主要选择投资银行作为主要中介伙伴来结成并购交易核心网络，这是因为西方企业主要依靠投资银行的融资及资本运作的功能来实现投资利益的最大化需求。而中国民营企业则需要战略咨询中介机构来帮助自身管理其他中介伙伴来规避或降低在跨国并购交易中的风险。在联想的案例中，麦肯锡不仅可以和投资银行一样帮助联想提供相关并购交易的各种信息和知识来规避信息及知识的风险，并且以麦肯锡为核心之一的并购网络可以部分地抑制投资银行以短期获利为目的的行为与联想长期性并购战略行为之间的矛盾，通过麦肯锡管理其他跨国中介机构，规避其他并购中介机构的风险从而保证并购交易的成功。

第五节　　中国民营企业跨国并购异质性
交易特征生成机理

一、模型构建

　　从以上对中国民营企业跨国并购交易阶段的研究得出的异质性交易特征有：中国民营企业主要以合作关系和经验来选择并购交易中介伙伴及与战略咨询中介机构结成并购核心网络。如果只是从中国民营企业自身来分析，中国民营企业主要基于以往合作关系来选择交易合作伙伴是因为中国缺乏跨国并购交易的经验及知识，而拥有以往合作关系和经验的中介机构较为容易取得并购主体的信任。中国民营企业与战略咨询中介机构结成核心网络是因为中国缺乏并购经验，战略咨询中介机构作为核心伙伴能够帮助中国民营企业完成跨国并购的交易工作并管理其他中介伙伴。如前文所述，如果要寻找中国民营企业异质性交易特征生成机理，需要将这些特征放入中国文化情境下进行更为深入的分析，才有可能构建出基于中国情境的交易特征生成机理模型。

霍夫斯泰德在国家文化维度模型的研究中将中国（不包括港、澳、台）归于弱不确定性规避国家。为了探寻中国社会的弱不确定性规避文化与中国民营企业跨国并购异质性交易特征生成机理的关系，本书将全面演示中国民营企业在跨国并购交易阶段面对的不确定性，将中国民营企业在交易阶段面对的不确定性按照所属主体及访谈内容逐一列出，并针对中国民营企业对应这些不确定性采取的行为进行分析，从而确定中国民营企业弱不确定性文化背景与并购交易异质性特征生成机理的关系。从中国民营企业来看，中国民营企业面对的不确定性有自身并购能力的不确定性、并购战略的不确定性、并购资金的不确定性，这些不确定性主要与中国民营企业自身的并购经验及能力不足有较大关系。被并购方的不确定性有被并购方静态价值的不确定性、动态价值的不确定性。这些不确定性主要与被并购方的信息缺失有关。除了被并购方和并购方以外，还有与审查方、舆论等第三方的不确定性。其中并购资金的不确定性和第三方不确定性与中国民营企业交易特征并无直接联系，由于主要研究目标是中国民营企业跨国并购异质性特征及生成机理，因此将只选取与中国民营企业并购过程异质性特征有关的不确定性进行分析。

按照霍夫斯泰德对弱不确定性规避文化的阐述，弱不确定性规避文化背景的企业不愿意在陌生的环境下冒险。并购能力的不确定性实质是中国民营企业并不确认自身是否有能力可以进行高风险性的跨国并购交易。对于大多数中国民营企业来说，跨国并购是一个完全陌生的领域。中国民营企业不清楚自身是否有能力驾驭跨国并购，也不清楚在国际化进程中应该选择跨国并购或者选择建立海外分公司的方式，因此需要请有合作关系和经验的战略咨询中介机构作为专家来评判自己是否有能力进行跨国并购。与战略咨询中介机构结成并购交易核心网络可以规避与投资银行结成并购交易核心网络时投资银行的短期获利行为，从而避免在陌生的国际并购领域冒险，虽然这样的代价是可能无法更好地利用投资银行的融资功能实现投资最大化，但从并购交易的实践来看，中国民营企业宁肯舍弃此类潜在收益而选择更加稳妥的方式。这些都表明中国民营企业在陌生的领域选择使用自身熟悉的方式来规避未知的不确定性，这符合不确定性规避理论中关于弱不确定性规避文化背景企业的描述。

弱不确定性规避文化背景下的企业管理者较为关注战略而非运营。对于中国民营企业来说，并购战略的不确定性存在于中国民营企业对常规跨国并购交易战略缺乏了解的现实状况之上。由于不熟悉跨国并购交易战略知识及缺乏可参照的样本，中国民营企业不知道如何制定并购交易的战略，也没有相应的计划和应变能力，这同样需要中国民营企业邀请具有合作经验的中介机构来应对战略的不确定性。同时因为处于弱不确定性规避文化背景下的企业比较信任经验和关系，且由于并购交易战略所属的业务范畴应由战略咨询中介机构负责，所以中国民营企业邀请有合作经验的战略咨询中介机构代替自身来制定相应的跨国并购交易战略及实施计划。这实际上是中国民营企业向其信任的咨询中介机构让渡了一部分并购的主导权来代替自己完成本应该由自己完成的跨国并购战略。这种应对方式实际上也表明了中国民营企业关注战略且相信经验和关系，以及希望稳妥地实现并购交易目标的意愿，但同时中国民营企业也不希望代替自身来消除不确定性的中介机构过于强大，甚至拥有完全代替自身来完成并购交易事项的能力，可能会使其失去对并购交易的控制权从而导致新的不确定性产生，因此，相对于同时具有融资能力和尽职调查功能的投资银行而言，中国民营企业更倾向与具有合作关系和经验的战略咨询中介机构结成并购交易核心网络。中国民营企业对并购交易战略的不确定性应对方式也证明了中国社会中的弱不确定性规避文化在跨国并购交易中决定性的影响。

被并购方静态价值的不确定性与动态价值的不确定性是指分别从并购交易的时间点和未来发展趋势来看待被并购方的价值所具有的不确定性，两者不可分割且有先后顺序。静态价值的不确定性是中国民营企业无法在并购交易的时间点确定被并购方实际具有的价值。不同于西方企业单独使用投资银行确定被并购方静态价值的方式，在中国民营企业的实际并购交易行为中，中国民营企业需要具有合作经验和关系的战略咨询中介机构加入，参与尽职调查的过程来调查被并购方各项有形及无形资产的现有价值，从而真正了解被并购方的静态价值。对于中国民营企业来说，不熟悉的投资银行虽然具有良好的商誉及解决方案，但由于并没有相关的合作关系和经验，中国民营企业在潜意识中认为自身无法有效地控制这一重要的并购中介机构，所以邀请其熟悉的战略咨询中介机构加入来加强决策的过程，这样的方式实际上是将战略咨询中介机构作为一种控制投资银行的"保险"，以达到控制没有合作关系和经验的投资银行的目的，从而加强静态价值确认的过程。由此可见，中国民营企业应对被并购方静态价值的不确定性的方式符合弱不确定性规避文化背景下企业倾向相信经验和关系，以及关注决策过程的行为阐述。

被并购方动态价值的不确定性则是中国民营企业无法预测被并购目标的价值发展趋势的走向。被并购方可能会存在成本过高、研发后续不足等内部隐性不确定性和行业走向认知落后、政策把握缺失等外部隐性不确定性。这些隐性不确定性可能会在未来威胁被并购方的价值，因此中国民营企业会要求战略咨询中介机构使用投资银行挖掘的被并购方的企业数据来分析未来的走向，从而制定未来的整合政策以规避动态价值的不确定性。这样的方式同样也是将战略咨询中介机构作为一种控制投资银行的"保险"，利用战略咨询中介机构的经验来保证决策过程，但与应对静态价值的不确定性方式不同的是，战略咨询中介机构不仅参与了并购交易的主导工作，还参与了未来并购交易成功之后的整合工作设计，这也为未来战略咨询中介机构加入交易之后的并购整合阶段打下了基础。中国民营企业应对被并购方动态价值的不确定性的方式也符合弱不确定性规避文化中关于企业倾向重视关系和经验，以及重视决策过程的定义。中国民营企业应对交易中被并购方静态价值的不确定性及动态价值的不确定性的方式也佐证了中国社会的弱不确定性规避文化背景是中国民营企业跨国并购交易异质性特征生成机理。通过以上的研究构建的经验导向型跨国并购交易特征模型如图 5.3 所示。

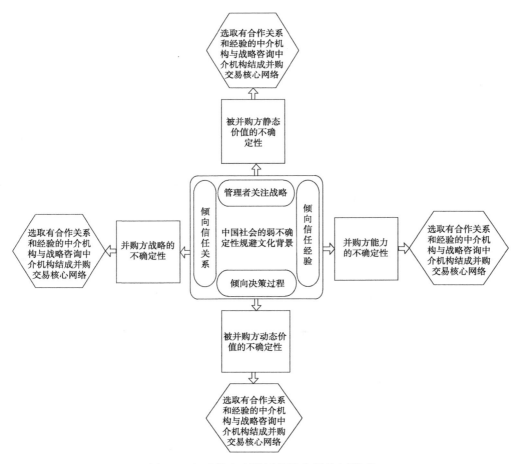

图 5.3　经验导向型跨国并购交易特征模型

二、模型讨论

通过模型的构建，初步探索出文化背景—并购交易不确定性—经验导向这个三层理论模型。与之前中西方研究成果不同的是，本书不仅关注在跨国并购交易时存在的不确定性及中介机构对于不确定性的作用，更关注不确定性产生的内在与外在原因、企业对于中介机构的选择及控制方式的原因等深层次问题，为此本书尝试逐一分析中国民营企业在跨国并购交易时所遭遇的不确定性及其背后产生的原因，并对研究所得异质性交易特征进行二次迭代研究，采用"地毯式"搜寻中国民营企业在跨国并购时所遭遇的不确定性，并对交易阶段存在的不确定性进行探讨的同时与企业所处的文化背景特性进行印证。例如，通过案例分析时发现，由于缺乏足够的并购交易和国际经营经验，中国民营企业采用与具有合作关系和经验的中介机构协作并与自身能控制的战略咨询中介机构结成并购交易核心网络的方式来控制静态与动态价值的不确定性，中国民营企业采取这种方式来控制这些不确定性则是受中国社会的弱不确定性规避文化背景的影响，缺乏交易经验且相信关系和经验的中国民营企业管理者在不确定性规避文化影响下更倾向于关注企业战略及决策的过程，但由于自身并不具有单独解决交易战略和决策的经验，中国民营企业管理者不得不寻求自身信任的外部具有并购交易经验的中介机构来帮助自身顺利地完成跨国并购交易，这是中国民营企业对于中介机构选择及控制方式选择的根本原因。通过迭代研究的方式初步探索出中国民营企业跨国并购异质性交易特征生成机理。

如前文所述，目前学术界对于跨国并购交易阶段的关注点仅集中于跨国并购的不确定性、风险及中介机构对于不确定性的作用，而较少关注企业自身经验对于跨国并购交易过程的实际影响。研究发现，在实际跨国并购交易阶段，中国民营企业所遭遇的最大内部阻碍是并购交易的经验不足，而之前学者对于中国民营企业跨国并购交易经验相关领域的研究并不深入。与西方发达国家的企业相比较，缺乏跨国并购交易经验的现实迫使中国民营企业不得不寻求外界力量的帮助，同时中国民营企业缺乏完全控制外部力量的经验导致无法实现利益最大化，因此，在未来的国际化道路中，中国民营企业可以借鉴以上理论模型来加强自身的交易经验积累，实现对外部力量的最优控制从而实现利益的最大化。由于此理论模型是在对中国民营企业跨国并购交易的"田园式"调查所得到的一手数据基础上构建而成，因此该模型为未来进一步深入探索中国民营企业交易特征的相关领域提供了一定的借鉴。

第六节　本 章 小 结

　　本章首先通过联想并购 IBM PCD 的交易阶段的分析，采用探索性单案例研究方法系统地揭示了中国民营企业跨国并购交易阶段的特征，其次通过与西方企业跨国并购交易特征文献进行对比，得出中国民营企业跨国并购交易阶段异质性特征，通过引用国家文化维度模型中的不确定性规避理论对交易阶段所呈现的与异质性特征有关的不确定性应对行为进行一一检验，最后在综合研究结论的基础上构建经验导向型跨国并购交易特征模型。研究结论表明，中国民营企业跨国并购交易特征一方面是中国民营企业在交易时主要以合作关系和经验并参考行业商誉来选择并购交易中介伙伴，另一方面是中国民营企业在构建并购交易网络时与战略咨询中介机构结成并购交易核心网络，与其他中介机构结成外围交易网络。中国民营企业跨国并购异质性交易特征是中国民营企业以合作关系和经验来选择并购交易中介伙伴及与战略咨询中介机构结成并购交易核心网络。中国民营企业跨国并购交易异质性特征生成机理是在弱不确定性文化背景影响下，中国民营企业在交易阶段倾向选择与自身具有合作关系和经验的中介机构来辅助自身进行战略决策，从而保证并购交易成功。根据本章研究所得构建的经验导向型跨国并购交易特征模型，不仅揭示了中国民营企业跨国并购异质性交易特征生成机理，也为未来深入研究民营企业跨国并购交易相关领域提供了一定的借鉴。

第六章　中国民营企业跨国并购整合阶段研究

　　本章研究目的是解析第三章研究框架提出的中国民营企业跨国并购整合特征、异质性整合特征及异质性整合特征生成机理。跨国并购整合阶段是指并购企业根据自身并购前所确定的目标和发展准则，遵循东道国的政治、社会文化、经济和法律环境，将被并购企业的组织结构、管理风格、公司文化、生产、营销和人员等企业要素与并购企业的要素融为一体，通过两家企业之间的相互作用，实现企业组织间的核心能力或战略能力的有效成功转移、扩散和积累，从而达到并购企业在全球范围内提升核心竞争力和创造企业价值的目标的阶段[148]。跨国并购整合阶段同时也是中国民营企业跨国并购整合特征生成的阶段。本章认为，在中国社会弱不确定性规避文化影响下，缺乏整合经验和整合能力的中国民营企业借用与自身具有合作关系和经验的中介机构力量，并容忍整合的模糊性和非结构性以保证整合的顺利完成。为此本章首先对以往中外跨国并购整合相关文献进行总结，指出目前关于跨国并购整合的中外学术研究成果及针对中国民营企业研究的不足。其次，通过案例研究法归纳总结中国民营企业跨国并购整合特征，在此基础之上将所得出的中国民营企业跨国并购整合特征与西方经典跨国并购整合特征结论进行对比，得出中国民营企业的异质性整合特征。最后，通过引入不确定性规避理论，将中国民营企业跨国异质性整合特征与不确定性规避理论放入中国情境进行分析，从而揭示出中国民营企业跨国异质性整合特征生成机理，进而根据研究所得构建能力缺失型跨国并购整合特征模型。

第一节　跨国并购整合阶段研究的问题提出

　　跨国并购整合是跨国并购驱动及跨国并购交易的延续阶段，与西方企业不同的环境影响因素导致中国民营企业跨国并购整合阶段所表现的特征不同。审视现有对企业并购整合理论的研究，中西方学者对于跨国并购的整合研究是以整合目标及影响整合的因素为线索，根据研究的出发点和关注重点不同，学者们聚焦于文化整合、能力整合、资源整合相关的研究。文化整合几乎是所有关注整合研究的中西方学者都会涉及的领域。Barney 分析指出，国家文化差距越大，被并购目标公司就越能够提供一种显著不同于自身的企业文化，而这是难以在并购方的母国进行复制的文化，反之亦然[149]。David 和 Singh 从风险的角度分析并购整合阶段的文化因素，他认为如果并购双方文化不相容，会阻碍并购后的整合工作，最后导致并购失败[150]。唐炎钊等将商业文化引入中国企业跨国并购文化整合领域并提出以民族文化、商业文化、企业文化为核心的三层次文化分析维度框架，并以此为基础建立文化整合轮轴旋转模型[151]。邓沛然提出在中国企业跨国并购的文化整合中中国企业是主导者，并提出了国家层、跨组织层、组织层、经营层的四层文化整合指标评价体系[143]。齐善鸿等通过案例研究方式从经济与文化两个维度，分别在国家、企业两个层面对企业跨国并购进行剖析，提出了"经济—文化"综合博弈模型，该模型期望为中国企业跨国并购的文化整合提供有效的途径[152]。潘爱玲就文化整合与跨国并购的关系、文化整合的流程设计、模式选择等问题进行探讨，并设计出跨国并购文化整合五个应用模式[153]。

随着中国企业并购欧美发达国家企业的案例增多，关于中国跨国并购整合西方国家企业的相关研究也逐年增多。学者们逐渐注意到中西方企业在能力上的差异及并购所获得资源利用上的缺失。有关能力和资源整合是欧美学者和中国学者近年来研究的重点。Grant 认为企业能力移植所涉及的因素极为繁杂纷乱，因此对被并购目标公司的整合应采取谨慎持重且有条不紊的态度[154]。王长征从整合能力和并购价值的关系视角出发认为企业是否能够获得并购价值取决于企业整合能力的保护、整合能力的转移和扩散，以及整合能力的发展，他根据研究所得构建了整合能力理论框架，为深入研究企业并购整合能力提供了较好的理论基础和依据[155]。陈重从公司重组成败原因的分析入手，以能力和资本对比视角出发提出了相较于资本提升，整合能力提升应是企业整合工作的重中之重[156]。魏江依据能力理论，阐述了并购整合的战略选择应更倾向于企业能力发展的观点[157]。Haspeslagh 和 Jemison 根据并购双方的战略依赖性需求和组织独立性需求，提出了并购中资源整合的四种模式，即合并式整合、保护式整合、共生式整合、控制式整合[158]。秦楠提出企业并购后的资源整合应该包括企业品牌整合管理、企业文化整合管理、营销系统整合管理、财务整合管理和市场资源整合管理[159]。顾卫平认为跨国并购的整合是系统的整合，而不是单个方面的运作，因此特别需要从整体的角度全面考虑。跨国并购的战略、组织、人力资源、物质资源、企业文化及外部关系整合缺一不可，这些因素共同构成跨国并购整合的核心要素[9]。邱毅通过研究得出并购公司通过跨国并购获得海外资源和能力，来补充自身缺乏的资源能力，或通过与现有资源和能力相结合，创造出一种新的能力，这是一种静态能力发展[160]。孟凡臣等通过分析企业跨文化吸收能力对跨国并购绩效的影响发现，跨文化吸收能力的构成维度识别能力、消化能力、整合能力、持续创新能力在并购的不同阶段体现各异，并通过不同的途径影响跨国并购绩效[161]。宣烨和李思慧从资源和能力观视角，分析了并购双方资源和能力转移有效性的运作机制，他认为跨国并购是企业突破内部培育约束，并突破逐步积累的时空约束，把资源获取范围扩展到组织外部的战略方式之一，同时也是企业对获取的外部资源加以系统地组合或重构、创新以提升核心竞争力的重要过程[162]。跨国并购整合研究文献的总结见表 6.1。

表 6.1　跨国并购整合研究文献的总结

区域	视角	代表学者	观点
欧美	文化距离	Barney	国家文化差距越大，文化复制难度越大
欧美	文化风险	David	文化不相容会阻碍并购后的整合工作
中国	中国文化	邓沛然	国家层、跨组织层、组织层、经营层的四层文化整合指标评价体系
中国	中国文化	唐炎钊	以民族文化、商业文化、企业文化为核心的文化分析维度框架为基础建立文化整合轮轴旋转模型
中国	中国文化	齐善鸿等	"经济—文化"综合博弈模型
中国	中国文化	潘爱玲	跨国并购文化整合五个应用模式
欧美	能力传播	Robert Grant	企业能力移植所涉及的因素极为繁杂纷乱，因此对目标公司的整合应采取谨慎持重且有条不紊的态度
中国	能力整合	王长征	整合应该关注能力的保护、整合能力的转移和扩散，以及整合能力的发展
中国	核心能力	魏江	并购整合的战略选择应更倾向于企业能力发展
欧美	资源整合	Haspeslagh 和 Jemison	资源整合的四种模式
中国	资源范围	秦楠	资源整合应该包括企业品牌整合管理、企业文化整合管理、营销系统整合管理、财务整合管理和市场资源整合管理
中国	资源整合	薛求知和顾卫平	跨国并购的整合是系统的整合
中国	资源整合	邱毅	资源整合是一种静态能力发展
中国	能力吸收	孟凡臣	能力在并购的不同阶段体现各异，并通过不同的途径影响跨国并购绩效
中国	资源整合 能力整合	宣烨	跨国并购是企业突破内部培育约束，并突破逐步积累的时空约束，把资源获取范围扩展到组织外部的战略方式之一，也是企业对获取的资源加以系统地组合成重构、创新以提升核心竞争力的重要过程

中国跨国并购整合相关研究趋势如图 6.1 所示。

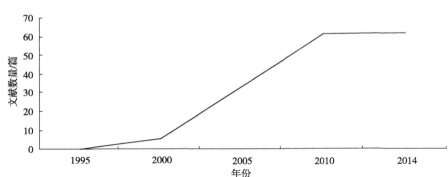

图 6.1　中国跨国并购整合相关研究趋势
资料来源：CNKI 数据库

从上述文献回顾中可以看出学者们针对企业跨国并购整合做了大量的研究工作，特别是针对中国企业跨国并购整合阶段的研究在数量和深度上超过了针对驱动阶段和交易阶段的研究，这是因为一方面在研究数据获取上，整合阶段的文本数据相对来说更容易获取，另一方面整合阶段是中外企业在组织架构、公司治理、企业文化方面的真正碰撞阶段，在这个阶段会产生许多值得探讨的具有学术价值的问题，因此引起了学者们的广泛关注。与针对跨国并购驱动和交易阶段研究相同的是，针对中国民营企业跨国并购整合特征的研究仍较为缺乏，虽然大量的研究分析了跨国并购整合相关的驱动力、资源、文化距离等重要影响因素，但尚未有研究关注中国民营企业跨国并购整合阶段具有何种特征，以及与西方企业不同的异质性整合特征，更缺乏对这些特征生成机理进行系统的挖掘，因此本章通过研究回答以下几个问题：在跨国并购整合阶段，中国民营企业跨国并购整合特征是什么？和西方企业的跨国并购整合阶段相比较，中国民营企业跨国并购异质性整合特征是什么？中国民营企业跨国并购异质性整合特征生成机理是什么？

第二节　案　例　分　析

从 2005 年联想完成收购交易到 2013 年联想成为世界第一 PC 生产厂商的八年时间里，联想的并购整合大体经历了初步整合、深入整合及危机整合三个阶段。经过这三个阶段的整合，联想实际上获得了驱动联想并购的国际品牌、国际化经验等资源，从而实现了并购目标。

一、初步整合

联想对 IBM 的初步整合开始于联想宣布并购交易成功的时刻。在此之前，IBM PCD 的竞争对手戴尔、惠普等其他电脑生产厂商已经在国际市场上特别是在美国本土市场上对 IBM PCD 原有市场发起了全面的攻势，戴尔将自己的直销业务推向 IBM 的固定商业客户领域，惠普开始争夺原本属于 IBM PCD 的美国政府的销售订单。而在 IBM 内部，由于 IBM PCD 的员工在工资福利待遇上大大超过联想的员工，他们担心在并购之后会出现大规模的裁员及降薪的情况，所以很多员工情绪处于波动状态，无法全身心投入工作[163]。其他竞争对手也利用这个时机通过猎头等人才服务机构与 IBM PCD 的员工频繁接触，整个部门处于人事浮动的状态。为了保证企业的平稳过渡，联想需要强有力的方式来稳定局面，但缺少整合经验的联想并没有相关的团队从事这项工作，为此联想借用了帮助企业完成并购交易的麦肯锡的力量。联想确定初期整合的主导力量为以麦肯锡和原 IBM 业务变革经理为主的整合团队。

（一）初步整合——整合力量

如第五章所述，麦肯锡参与了并购交易的主导工作并且参与了未来并购交易成功之后的整合工作设计，因此，麦肯锡作为整合的中介伙伴继续帮助联想设计整合计划，并担当了初期整合的整合任务。杨元庆任命麦肯锡的吴亦冰为并购之后的新联想首席整合官。麦肯锡作为联想的战略咨询中介伙伴全程参与了联想并购案的整个谈判过程及交易过程，联想希望可以借助麦肯锡丰富的并购整合经验来帮助自己规避整合的风险。联想同时将属于 IBM PCD 下的 BT（business transformation，业务变革）团队任命为并购整合的专门机构。BT 所属的团队成员业务变革经理为负责并购整合的专职人员。BT 团队是由 IBM 公司中专门负责设计业务流程、业务沟通的员工组成。这些员工在 IBM 平均服务时间超过五年，他们非常了解 IBM 运作的流程、方式、传统文化等各方面信息，在日常工作中，他们不仅负责设计公司的业务流程、公司内部业务沟通，而且他们对公司的业务情况非常熟悉，在很多情况下，他们也担任 IBM 高级管理人员（以下简称高管）的决策意见提供者的角色[164]。BT 团队与麦肯锡团队组成的联想整合部门由首席整合官吴亦冰带领直接向公司 CEO（chief executive officer，首席执行官）进行汇报。联想希望由熟悉 IBM 内部情况的 BT 团队与具有丰富整合经验和能力的麦肯锡团队结合在一起形成并购整合的中坚力量，以完成下一步的深入整合。

（二）初步整合——组织整合

在并购整合的初期，联想在自己能力范围之内尽量稳定 IBM 员工的情绪及保留 IBM 的客户资源。为了保证 IBM PCD 的业务可以在联想的运营内正常运转，联想高层管理者指示整合团队采取谨慎的原则，尽量较少改动组织架构并尽量使用 IBM 的员工进行业务运营。按照整合部门的设计，联想设置了由 IBM 副总裁 Ravi Marwaha 担任负责人、IBM PCD 销售团队为主的全球销售部门。全球销售部门负责除中国外的欧洲、非洲、美洲、亚太地区的所有销售业务，同时将联想的一些总部职能，如财务、人事的业务辐射范围扩大至 IBM PCD，以便在没有 IBM 运营的支持下，IBM PCD 业务能够继续运转。IBM PCD 部门改名为联想国际，联想国际负责处理有关 IBM PCD 的产品和日常运营业务，其业务部门所属人员、业务内容基本没有变化。联想中国与联想国际两个组织并行，共同为新联想集团服务。在新的管理层中，联想与 IBM 的高管几乎平分新联想集团的高级管理层职务，而最关键的 CEO 则是由 IBM 的高级副总裁担任。除中国区以外的国际地区销售基本上由 IBM 高管负责，Think 系列产品亦由 IBM 高管负责。集团除了一些基本的全球职能，如财务、法务、人力资源等，关键的业务方面职能，包括供应链、产品、生产、销售等业务单元由 IBM 和联想分别运作[163]，各自独立。联想核心管理层认为在并购整合初期，联想和 IBM PCD 所面对的客户群不同，因此并购整合并不是首先需要解决的问题。在初期阶段，联想的管理层主要将精力投入 IBM PCD 原有客户与员工以维持稳定。新的管理层一致认为此时进行深度整合将会有可能导致巨大的动荡，有可能失去联想并购所得到的顾客群体及优秀员工，进而导致整个并购整合失败。因此，联想选择在初期将两个公司的业务保持独立运行，让双方队伍相互了解、彼此熟悉。为了稳定 IBM 的基层员工，联想宣布并购之后不会进行大规模裁员、对于 IBM 的员工五年内不会降低工资等政策来保证并购之后的稳定。

（三）初步整合——文化整合

在整合初期，联想的整合部门已经意识到文化的整合将是整个整合过程中的难点和决胜点。在整合团队中有一支专门负责文化整合的团队负责收集和整理来自不同部门的意见。沃德与杨元庆就其中的问题亲自进行解答。文化整合团队在两个月之内对每一位 IBM PCD 的高管进行了长时间面对面会谈，并以会谈的基础形成员工调查问卷，随后向双方抽取的 2 000 名员工进行调查。在以问卷调查、会谈、分析、探讨的基础上，联想的管理层发布了可以被双方共同接受的价值观，希望可以将并购双方的文化统一在此价值观下，这个价值观包含了四点内容，即成就客户、创业创新、精准求实、诚信正直[165]。这四大价值观反映了联想与

IBM PCD 的共同理念。联想希望通过新的核心价值观将联想与 IBM PCD 的员工融合在一种适合双方理念的文化基础上，此外，为了使双方减少摩擦、增加效率，杨元庆与沃德确认了双方沟通的原则要建立在坦诚、尊重、妥协的基础上。同时，作为联想传统的内部刊物《联想》杂志开始以中英文两种文字进行发行，并积极鼓励 IBM PCD 的员工进行投稿。

（四）初步整合结果

联想初期的整合工作取得了正面的效果，IBM PCD 所属部门在并购交易完成后并未出现大规模离职潮。从业绩上来看，2005 年 8 月 10 日，联想公布了并购整合以来第一个合并后的财务报表，业绩显示集团综合营业额较 2004 年同期增长超过两倍。新增的营业额主要来自收购的 IBM PCD 的贡献。新任 CEO 沃德在给全员的贺信中这样评价第一个季度："有哪个 PC 公司在它运作的第一个季度就能实现最大限度的创新？有哪个全球性 IT 公司能够在第一个季度就产生新的协同效益还能够降低成本？有哪个 PC 公司能够快速在新兴市场发展，并能够在 PC 领域快速增长？这三个问题的答案就是你们的公司——联想。"[166]但值得注意的是，在初期整合中，联想国际仍然处于亏损状态，虽然联想实现了并购交易后稳定的目的，但联想并未实际控制 IBM PCD 及改变其经营的状态，也未真正获得 IBM 所具有的资源。

二、深度整合

在并购交易阶段结束后，联想通过一系列的组织变革措施安抚了 IBM PCD 人员，并赢得了大部分投资者、客户及市场的信心。在文化上，联想设置了文化整合部门和双方认可的核心文化价值观。联想还设置了专职的整合部门。这些步骤的顺利进行使得联想中方最高决策层做出了加快下一步深度整合的决定，但是联想新任 CEO 沃德表示了异议，他认为联想国际的员工及客户虽然已经初步稳定，但仍然有分崩离析的风险，他建议推迟深度整合的时间表。但沃德的建议并未被采纳，2005 年底，联想从戴尔招募的原戴尔亚太区总裁威廉·J·阿梅里奥（William J. Amelio）代替沃德成为联想的新任 CEO，深度整合正式进行。

（一）深度整合——整合力量

沃德作为过渡期的 CEO 圆满地完成了保持过渡期稳定的任务。但在深度整合时期，联想需要能进行大胆变革的 CEO 完成整合的任务。联想需要将联想国际扭亏为盈，要提升效益并实现协同效益，就得裁员重组，沃德无法办到[167]。阿梅里奥在 2006 年将戴尔集团的整合组织——卓越中心（centre of excellencent，COE）引入联想，并将吴亦冰所领导的整合团队并入卓越中心。阿梅里奥希望卓越中心可以成为负责人事、组织、业务等各方面整合的专属部门，其核心的工作任务分为两方面，一方面卓越中心需要围绕产品、市场、供应链进行业务层面的整合，另一方面卓越中心同时负责裁员及组织变更涉及的人事整合的所有工作，这样由整合团队为主力的卓越中心负责的整合工作内容不仅是整合方案的设计，也是与企业的各个部门合作进行的具体方案的实施。这意味着联想的整合工作已经由初步整合时期进入深入企业各个角度的全面深度整合时期。

（二）深度整合——组织整合

按照麦肯锡和业务变革团队设计的整合方案，联想的深度整合方案重点放在供应链、技术产品、全球销售三个核心区域。因为供应链、技术产品、全球销售是国际化品牌、核心技术、国际化经验等资源的主要业务载体。联想中国与联想国际的供应链部门整合，成为全球供应链；联想中国与联想国际的产品部门整合，成为全球产品集团；联想中国的销售、服务部门与联想国际的中国区合并，成为联想大中国区。全球产品集团由联想国际高级副总裁奥沙立文领导。这个组织负责开发和经营所有联想中国系列品牌的产品，包括扬天、旭日系列，同时也包括联想国际的 Think 品牌系列。全球供应链组织由联想中国高级副总裁刘军负责，他将联想国际与联想中国的供应链系统整体流程融会贯通，业务涉及原材料选择到售后维护，从而形成完整的跨国供应链体系。联想国际的其他人员按照负责的业务区域分为四个大区，这四个大区包括美洲区、欧非区、亚太区、中国区，而联想国际中国区的人员与联想中国的人员合并在一起。联想中国区是唯一一个将 Think 业务与原联想业务的运营完全整合起来的区域。在这种深度整合下，原 IBM PCD 大部分资源被整合进联想美洲区、联想欧非区、联想亚太区和联想全球产品集团，这些集团与原联想本部保持着相对独立的关系，为非中国区以外的市场进行服务。

阿梅里奥在加入联想后很快开始在技术产品、市场、供应链实施整合计划。在整合期间，除了以上三个业务单元的整合外，阿梅里奥和麦肯锡及业务变革经理组成的整合团队还将重点放在消减成本、提高效率的整合工作中。2006 年，为了节省成本，联想削减了在美洲、亚太和欧洲地区近 1 000 个工作岗位，将全球台式电脑业务集中到中国，将联想总部从纽约搬到成本较低、离硅谷较近的北卡罗来纳州的罗利市。为了增加销售收入，联想减少了销售结构的组织层级，将底层销售人员的权利扩大。2006 年底，联想将联想国际的台式电脑运营中心从美国罗利转移到北京，将联想国际的 Think 台式电脑的市场、研发和相关的职能全部转移到中国，构建了中国北京、美国罗利、日本大和三个研发实验室的产品研发体系。2007 年，阿梅里奥与整合团队继续将整合的重点放在削减成本工作中，联想在联想国际的传统销售区域裁减了 600 个工作岗位，同年将联想国际所属的俄罗斯销售区并入联想中国区，并将其更名为联想中华及俄罗斯区。2008 年 1 月，联想宣布首次在全球推出 IdeaPad 笔记本电脑和 IdeaCentre 台式电脑系列产品，并宣布进军全球消费 PC 市场。Idea 品牌是与 Think 品牌并行的消费类品牌。

（三）深度整合——文化整合

在深入整合阶段，为了使文化整合更为深入和多元化，一项名为文化发现（culture discovery）的项目正式启动。这项活动是联想整合中时间最长、最为系统、参与人数最多的文化整合活动。因项目内涵类似于鸡尾酒多层次、多颜色的调和搭配，这项活动亦被称为鸡尾酒活动。文化发现项目以线下交流聚会与线上开放式讨论为主要形式，线上开放式讨论是通过互联网讨论版面为主要媒介进行无限制的讨论。中外员工均可将自己的亲身经历、想法、听到的案例发布到网络讨论版由员工进行讨论。在网络空间中员工可以畅所欲言，没有正确与错误的定义框架。文化融合团队还通过收集员工提供的具有典型性和代表性的案例来分析不同公司、国家的文化差异。还有一种方式是举行各种文化交流聚会、活动、讲座来使无论任何背景的公司普通职员、高管都可以在一起进行交流[168]。阿梅里奥对联想文化整合的成果评价是：我们不是 IBM，不是戴尔，也不只是联想的继承者，我们是新联想。而联想的创建者柳传志将联想的文化整合形容为"盲人摸象"，认为其是一个由模糊到清晰、从迷茫到明确、从戒备到信任、从误解到亲密的过程。2007 年，联想将文化融合团队改组为"全球融合及多元办公室"来进一步促进文化整合，联想任命副总裁兰达作为该办公室负责人来推进新组织架构下的融合。经过这一系列工作，联想形成了新的全球文化，包括核心价值观、行为、成就三项内容（表 6.2）。

表 6.2　深度整合文化内容[169]

类别	内容
核心价值观	成就客户；创业创新；诚信正直；多元共赢
行为	追求绩效；赢得太多；拥抱变革；坦诚沟通
成就	优质可靠的产品；国际行业领先的地位；不断成长；赢得全球团队和文化

（四）深度整合结果

联想的深度整合大大加深了联想国际化的程度。海外营业收入在 2008 财年占集团营业总收入的 66%，2009 财年占集团营业总收入的 67%，但海外市场的利润仍然较低，主要的利润贡献区域仍然是中国市场。Think 及 Idea 系列产品销售至全球 200 多个国家。在公司业绩方面，2008 年 5 月 22 日，联想公布了 2007 财年的业绩，营业额较 2006 年同期上升 17%，达到 164 亿美元[166]。通过产品技术的整合，联想建立了一线品牌计算机实验室，从而实现了获得技术资源的驱动目标。2008 年，联想成为首家进入世界 500 强的中国民营企业。需要注意的是，联想虽然在这段时间取得了一定的成绩，并实现了实际控制技术资源的并购目标，但这种实现是建立在牺牲部分联想中国的管理权及"老联想"文化的基础之上的。虽然联想变得越来越国际化，但驱动着联想前进的奉献精神及以企业为家的精神却逐渐消失，因此部分联想中国的管理者及员工并不认同这种成绩。例如，联想供应链高级副总裁刘军就因和阿梅里奥在长远整合中的意见不合而不得不放弃供应链部门的管理权暂时去欧洲求学。这种整合并非没有隐患，而是存在于企业整体之中，在市场整体情况较好时这种隐患并未显现出来。

三、危机整合

随着 2008 年世界金融危机爆发，联想在初步整合和深度整合中存在的隐患逐渐爆发并产生了巨大的影响。联想在 2008 年底至 2009 年初开始连续亏损，亏损额共达 1.88 亿美元。这对现金储量为 14 亿美元的联想来说是巨大的打击，并且联想的电脑出货量由世界第三名下滑至第五名，排在惠普、戴尔、宏基、华硕之后。伴随着业绩下滑的是联想管理层的"地震"，CEO 阿梅里奥辞职，杨元庆重新担任 CEO，柳传志直接担任董事长。杨元庆说："金融危机爆发后，外界认为我们是因为业绩不好炒掉我们前任 CEO 的，但实际上这只是一个导火索，真正的原因是我们逐渐发现，我们的这位 CEO 太'职业经理人'了，而不是把自己当做企业的主人，他是在运营联想，而不是考虑发展联想。他考虑得更多的是短期的业绩，更多关注的是现成的业务、如何在现在的业务里改善。"[167, 170]

（一）危机整合——整合力量

在危机整合时期，联想依旧是依靠麦肯锡的顾问团队与业务变革经理团队组合成的整合团队应对危机时期的整合工作。但与初步整合和深入整合时期不同的是，在危机整合时期，联想的整合团队由联想中国的原主要管理人员，而非外部管理者或外国管理者进行领导。在 2008 年之后，整合团队的吴亦冰正式脱离麦肯锡加入联想，整合团队由联想中国的资深管理者陈旭东继续领导整合工作。陈旭东是随着联想中国一起成长起来的中国籍高管，是从联想基层做起并且精通中国市场及国情的管理者。整合团队在 2009 年根据联想的二元制组织架构及当时的市场情况制定了务实的"双拳战略"。双拳战略既在成熟市场利用 Think 品牌的影响力进行市场防守，以保持目前在成熟市场已经取得的成绩，也在包括中国在内的新兴市场利用 Idea 品牌的价格优势及 Think 品牌的号召力全面提升了新兴市场的占有率。

（二）危机整合——组织整合

在进行管理层调整的同时，联想在 2009 年第一季度首先进行了减员的调整，2009 年第一季度在全球削减 2 950 个岗位，其中包括中国区的 450 个职位，以提升整体运作效率，保持公司竞争力，其中涉及经理级和高管层级人员。为了进一步节省支出，联想在 2009 年将高管薪酬福利降低 30%。随后联想宣布新的组织架构，成立两个新的市场部门——成熟市场部门和新兴市场部门替代企业的五大区［联想全球（支持）区、联想中国区、联想美洲区、联想亚太区、联想欧非区］架构，期望以更贴近不同地区消费者行为属性的管理方式来争取更多的市场份额。成熟市场主要面对欧美等发达地区的消费者，投入的产品主要是 Think Pad 及 Think Centre 的系列产品，部门主要负责人以欧美国籍管理者为主。新兴市场主要面对的是俄罗斯、印度、中国等国家的消费者，投入的主要产品是 Idea pad 及 Idea Centre 的系列产品，部门主要负责人是中国国籍管理者。联想将全球产品事业部划分为两个针对不同市场群的集团，一个是由原全球产品集团总裁奥沙利索领导的 Think 产品集团，负责所有 Think 系列产品，主要针对企业型客户和成熟市场，另一个是由刘军领导的 Idea 产品集团，主要针对消费类客户及新兴市场客户。联想将公司的组织结构由阿梅里奥时代的销售五大区结构调整为针对市场和产品的二元矩阵结构（图 6.2）。第一维度是市场维度，即成熟市场与新兴市场的分类；第二维度是产品维度，即 Think 产品与 Idea 产品的分类，其中 IBM PCD 的大部分资源被并入成熟市场区和 Think 产品集团，与原联想的新兴市场区和 Idea 产品集团共同为联想服务。

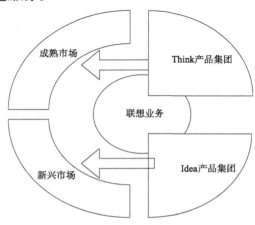

图 6.2　联想二元矩阵结构模式

（三）危机整合——文化整合

在新的二元制业务模式下，董事长柳传志亲自操刀文化整合。柳传志认为两届外国高管带来了非常严重的职业经理人的短视心态，这与原联想的以企业为家、和企业共同成长的理念严重不符。杨元庆则表示这种职业经理人的文化让过去已经习惯了以主人翁的态度要求自己的中国团队感到迷茫和失望，如果再不采取行动，恐怕会影响到中国两代人苦心经营的"大本营"[167]。柳传志亲自领导全球融合及多元化办公室，他首先肯定了联想员工为国际化文化传递及文化整合所做的工作，同时指出国际职业经理人的文化对联想的负面影响。为了减少职业经理人心态对企业文化的负面影响，柳传志尝试将联想的"以企业为家"的创业文化重新导入组织中，并总结出"4P"行为准则。4P 含义为：plan，想清楚再承诺；perform，如果承诺就要兑现；prioritize，公司的利益至上；practic，每天都在进步[171]（表 6.3）。柳传志领导的新文化变革实际上是将原联想优秀的文化重新融入联想，也是在提醒联想在进行文化整合时不要忘记之前优秀的联想文化精神。

表 6.3　危机整合的文化框架

4P	含义
plan	想清楚再承诺
perform	如果承诺就要兑现
prioritize	公司的利益至上
practice	每天都在进步

（四）危机整合成果

从市场表现上看，危机整合及双拳战略使联想取得了非常良好的市场效果。联想不仅没有在 2008 年开始的经济危机中倒下，2010 年还在新兴市场达到了市场第一位的占有率，在成熟市场也实现了扭亏为盈，虽然成熟市场的利润贡献率很低，但也实现了收支平衡。在 2013 年第三季度，联想的销售量已经超越惠普位列全球第一。通过将 Idea 品牌与 Think 品牌的混搭，联想成功地将国际品牌 Think 纳入自己的品牌库中，完成了品牌资源的获得。通过长达八年的整合，联想终于可以使用自己的高管担任 CEO、担任整合团队领导等，这也证明了联想获得了国际化经验资源。至此联想实质上获得了国际品牌、核心技术、国际化经验这些被并购企业的资源，完成了并购的目标。

第三节　中国民营企业跨国并购整合特征

一、整合的组织特征

在联想的整个并购整合阶段，联想自始至终都将被并购对象作为相对完整的业务组织进行保留，并非放弃或完全取代，而是将被并购对象当做平等的整体，通过复制或搭便车的方式使之为己所用。从联想并购所获得的资源角度来看，在品牌上，联想并未放弃 Think 品牌的使用，反而借助 Think 品牌的影响力，将联想旗下的其他品牌定名为与 Think 语义相呼应的 Idea 品牌。同时保留美国及日本的 Think 研发中心来保持对 Think 品牌的研发能力。在渠道上，IBM PCD 的销售大本营——欧美发达国家和地区及日本市场始终与联想的销售大本营中国本土市场保持不同的经营模式及不同团队的销售人员。虽然借助并购整合，俄罗斯、东南亚、非洲等国家和地区的市场被划入联想所定义的非成熟市场，但发达国家市场仍然由原 IBM PCD 的市场人员主导。在技术上，联想虽然在北京复制了美国的研发中心，但并未关闭 IBM 在日本和美国的研发中心，而是保留日本和美国的研发中心继续进行科研工作。在管理上，IBM PCD 从未由联想所派出的中国管理人员直接负责，而一直是由原 IBM PCD 的人员或外聘的欧美高管负责管理。无论是并购初期的联想国际、美洲区、欧洲区、亚太区，还是二元制中的成熟市场、Think 产品集团，这些组织虽然在整合中成功地被并入新联想的架构中成为新联想的一个业务单元，但在新联想内部仍然保持着与原联想的相对独立，并保持相应的灵活性。

二、整合的资源特征

联想通过借用战略咨询中介机构的力量，利用外部与内部的资源共同完成整合工作。联想在最初整合期间设置了并购整合官，并由麦肯锡职员作为首席整合官负责整合工作。同时联想扩大了原业务变革团队的工作内容并由业务变革经理作为整合工作的专职人员进行跨部门、跨流程工作。联想将并购的整合工作看做一项特殊的专业运营工作，业务变革经理部门作为一个专业组织起到将联想与IBM PCD 整体联合在一起的作用。业务变革经理虽然没有人事管理权，但发挥了信息、知识、经验的"导体"作用。经过不断地学习融合，联想的管理人员逐步取得了国际化的经营经验，从而使用自己的管理者负责进行外部与内部的资源整合，同时麦肯锡全程介入了联想并购 IBM PCD 的交易过程并在交易结束后继续承担重要的整合工作。麦肯锡作为整合工作的核心力量一直存在于整合的整个过程之中，与其他整合力量不同的是，麦肯锡不属于并购双方的任何一方成员。它是独立于联想和 IBM 之外的中介机构。从吴亦冰以麦肯锡合伙人身份来担当联想的首席整合官来看，麦肯锡不仅是整合工作的工作人员，在某种意义上还成为整合工作的领导力量。麦肯锡全程介入了联想并购 IBM PCD 的交易过程并在交易结束后继续承担整合工作。麦肯锡的加入在一定程度上可以帮助毫无整合经验的联想设定整合的基本思路、应对整合的风险。从联想方来看，联想不仅希望麦肯锡可以帮助自己进行整合，还希望将麦肯锡的整合经验和能力"移植"至联想，因此才会在 2008 年将吴亦冰等麦肯锡员工纳入联想成为联想的员工。在某种程度上，麦肯锡帮助联想培养了整合人才。联想的整合方式一方面反映出联想不断学习与进步的过程，另外一方面也说明联想并没有独立完成跨国并购整合的能力和经验，仍然需要外部中介机构的介入进行相关工作的协助。

三、整合的文化特征

在联想的初步整合、深度整合、危机整合的过程中，文化整合都是各个整合时期的重点工作。联想的领导层亲自进行文化整合的推进，从联想管理层的行为上可以看出联想对文化整合的重视程度。在不同的阶段，文化整合有着不同的工作重点，在初步整合时期，文化整合着力于欧美团队的稳定、树立与双方都认可的核心价值观、将双方的认知放在同一界面中，这一时期的文化整合主要是为团队的稳定服务。在深度整合时期，文化整合工作是将双方的团队开始真正融合在一起，将不同文化背景、不同国家员工融合在联想独特的文化氛围中，共同为联想的目标工作。这一时期的文化整合工作主要是为中外团队的融合服务。在危机整合时期，联想的领导层希望在继续保持中外团队融合的前提下将之前文化整合阶段的一些不适合联想的职业经理人文化摒弃掉，将逐渐遗失的原中国区优秀文化重新导入联想的体制中。这些连贯性的文化整合行为不但表现了联想对文化整合的重视，而且体现了中国民营企业的文化整合过程是一个不断试错和不断调整的过程。

通过对联想跨国并购整合案的多角度分析，本书认为中国民营企业在整合阶段具有四个基本特征：在整合方式上，整合由企业专门部门负责；在整合人员上，中介结构是整合的重要力量；在组织架构上，整合过程中始终保持并购双方相对独立；在文化上，文化整合始终贯穿整合过程。

中国民营企业跨国并购整合特征如表 6.4 所示。

表 6.4   中国民营企业跨国并购整合特征

项目	基本特征
整合方式	由企业专门部门负责
整合人员	中介结构是整合的重要力量
组织架构	整合过程中始终保持并购双方相对独立
文化	文化整合始终贯穿整合过程

第四节   中国民营企业跨国并购异质性整合特征

在梳理出联想跨国并购整合特征之后，本书选取典型的西方企业跨国并购整合特征研究成果与本书所提出的中国民营企业跨国并购整合特征进行比较，以得出中西方企业跨国并购整合阶段的异同特征。

通用金融公司（GEC）于 20 世纪 90 年代通过并购 Gelco 等公司成长为拥有员工 5 万人、净利润近 30 亿美元的全球顶级金融公司。海内外诸多学者，如 Ronald N. Ashkenas、杨洁、萨德·苏达斯纳对 GEC 并购活动进行了较为深入及系统的研究。本书选取 Ashkenas 的 *Making the Deal Real：How GE Capital Integrates Acquisitions*[172]和萨德·苏达斯纳的 "GE Capital Change Fate，Be the Winner" 作为比较文献[173]。这些研究成果系统地揭示了 GEC 跨国并购整合的基本特征，较为适合作为比较分析的基础文献。研究表明 GEC 并购整合的特点如下：并购整合过程是始于双方做出相应努力，终于纳入被收购方的营业内容；整合需由专门部门的专职人员负责；并购整合不仅是业务整合也是不同文化的整合。通过对比发现，中西方企业跨国并购整合异同特征如表 6.5 所示。

表 6.5   中西方企业跨国并购整合异同特征

类别	并购特征
中西方企业整合的共性特征	整合由专门部门负责，整合是文化的整合
中国民营企业整合的异质性特征	整合过程中始终保持并购双方相对独立，中介机构是整合的重要力量

从以上对比可以看出，由专门部门负责整合和文化的整合是中外企业并购整合的共性特征。而相比于西方企业，中国民营企业则具有整合过程中始终保持并购双方相对独立，以及中介机构是整合的重要力量的异质性特征。保持并购双方相对独立的原因是中国民营企业缺乏相应的整合能力和经验，在进行全球运作，尤其是在发达市场进行独立运作的方面选择较为保守的态度。西方企业在并购之后往往需求的只是对方的市场及客户，对于其他的品牌、组织架构之类的资源并

不看重,因此采用的整合行为往往是使用自身具有的品牌和组织架构代替被并购企业的品牌和组织架构,从而使被并购企业的品牌等资源在整合过程中被逐渐放弃。惠普并购康柏案和联想并购 IBM PCD 是同样性质的高科技产业并购。在整合之后,康柏的品牌、核心技术、销售渠道等资源最终都被惠普吸收,并未有独立的康柏品牌或技术产品问世。中国企业的整合过程并非像西方企业一样将对方整体消化吸收,而是将双方企业的品牌、产品等战略性资源与对方的战略性资源进行捆绑,从而实现以中国为代表的新兴市场和以美国为代表的成熟市场的全球协同经营目的。整合的大部分工作都是围绕资源的捆绑进行,对于品牌、组织这些宝贵的战略性资源,中国企业都会进行某种形式的保留而非放弃。这是并购双方相对独立的深层次原因。

中介机构在中国民营企业跨国并购整合阶段作为重要力量则是由于中国民营企业跨国并购整合的经验和能力不足从而必须借助外界的力量来进行协助。欧美大型企业跨国并购案无论从发生的频率还是交易的金额都大大超过中国民营企业,因此西方企业一般在并购整合上有非常丰富的经验和能力,并不是很需要中介机构的介入,即使中介机构介入也并非处于核心的位置。而中国民营企业则是跨国并购整合的后来者,在整合工作的经验上处于劣势,迫切需要外界具有相关经验的中介机构进行支持引导,为了使中介机构的力量得到充分发挥,企业不得不将一部分权力给予中介机构,从而使得中介机构在整合中处于重要位置。

第五节　中国民营企业跨国并购异质性整合特征生成机理

一、模型构建

从以上对中国民营企业跨国并购整合过程的研究得出保持并购双方相对独立和中介机构是整合的重要力量这两个异质性整合特征。通过以上的分析来看,中国民营企业异质性整合特征产生的原因是中国民营企业没有相应的整合能力和经验,但缺失整合能力的中国民营企业在弱不确定性规避文化背景下如何产生这些异质性整合特征也同样值得探讨。为了更直观地研究中国民营企业异质性整合特征生成机理,本书将中国民营企业在整合阶段所面对的全部不确定性按照访谈内容逐一列出,并对中国民营企业所采取的行为加以分析,从而确认不确定性规避文化与异质性整合特征的关系,进而构建出完整的跨国并购整合特征生成机理模型。

　　企业为实施跨国并购战略，必须要对通过跨国并购占有的资源进行有效的整合及内部控制，通过组织内部不同业务层次的资源匹配和共享，实现提高企业核心能力的目的[174]，因此整个整合阶段的企业行为都是为了使企业可以将交易所得到的资源融入自身，从而弥补自身能力的缺失。为实现整合目标，企业的组织、人员、文化等各个方面都要进行相应的调整，要探索中国民营企业跨国并购异质性整合特征生成机理与中国弱不确定性规避文化之间的关系，必须先了解企业的组织、资源、文化等方面的整合阶段到底存在哪些不确定性，中国民营企业的应对行为是否符合弱不确定性规避文化表象描述，从而确认弱不确定性规避文化与中国民营企业跨国并购异质性整合特征生成机理的关系，因此本节将全面演示中国民营企业在跨国并购整合阶段遭遇的不确定性。在并购整合阶段，中国民营企业会经历组织、资源及文化三个方面整合的不确定性。具体而言，组织整合的不确定性包括组织架构整合的不确定性和人员整合的不确定性。资源整合的不确定性包括品牌资源整合的不确定性、市场资源整合的不确定性、技术资源整合的不确定性、国际化经验整合的不确定性。文化整合的不确定性主要是指核心价值观整合的不确定性。

　　按照霍夫斯泰德对于不确定性规避文化的定义阐述，弱不确定性规避文化通常倾向于容忍模糊性和非结构性的事物，并且弱不确定性规避文化背景下的企业通常信任关系与经验。中国民营企业并购的目标是被并购企业的品牌、技术等资源，而这些资源的载体是被并购企业的组织和人员。中国民营企业需要对被并购企业的组织进行整合才有可能使得具有黏性的企业资源在被并购企业和民营企业之间流转。中国民营企业单纯依靠已有的内部力量无法达到相应的整合目的，需要借助具有合作关系和经验的外部力量来整合被并购企业的组织和人员。因此中国民营企业采取使用具有合作关系和整合经验的并购咨询中介机构来主导组织架构的整合。中国民营企业希望通过中介机构的力量来完成最有利于自身的整合方案，从而规避自身能力和整合经验的不足，这种方式是利用中介机构的经验和能力来加强自身的整合力量，确保组织与人员所载有的资源可以顺利地复制或流转。另外，从初步整合到二元整合的整个过程中始终保持并购双方的相对独立则是中国民营企业对组织的模糊性和非结构性保持容忍，从而降低完全融合可能带来的不确定性对组织造成的伤害，虽然组织和人员的完全融合可能会使组织运营更精确、组织载有的资源更好地进行流转，但这也增大了整合的不确定性。而在中国社会的弱不确定性规避文化影响下的中国民营企业希望通过容忍组织的模糊性来降低组织整合的不确定性，即使这可能会减少整合带来的收益，但中国民营企业仍然会选择容忍模糊性和非结构性组织的方式来降低组织整合的难度。中国民营企业对组织整合的不确定性的应对方式也反映出中国社会中的弱不确定性规避文化会使得缺乏整合能力的中国民营企业采取谨慎且保险的方式来进行组织整合。

　　同样在资源整合行为上，中国民营企业也符合弱不确定性规避文化倾向于容忍模糊性和非结构性的定义阐述。资源整合是通过整合来达到实质上利用被并购企业的资源的行为，也是整合过程的核心内容。资源整合目的是通过整合行为支配被并购企业的品牌、技术、经验、市场等被并购企业所拥有的资源。从国际品牌资源来看，中国民营企业并没有真正地可以完全支配被并购企业的品牌，而只是借用被并购企业的品牌的高端市场地位，从案例分析中可以看出，中国民营企业或是采用搭便车的方式来推广自身的品牌，或是利用被并购企业的品牌来抢占国内市场份额，而并非通过并购将中国民营企业自身的品牌推广到国际市场。从国际市场来看，中国民营企业也并未完全掌控被并购企业的市场及渠道，大多数针对海外市场的方式仍然是处于防守态势，从案例中可以看出，中国市场依然是中国民营企业最重要的市场，是最主要的市场利润贡献者。虽然在国际市场占有较大的营业份额，但国际市场并未成为主要的市场利润贡献者，而且国际市场的主导权在不同的时期分别属于联想国际、成熟市场部门等较为独立的部门，且一直由外籍管理者进行领导，实质上一直保持较为独立的状态。从技术资源的角度来看，中国民营企业采取技术复制的方式将被并购企业的技术研发能力扩充至整个企业，但并未对被并购企业的技术研发力量做任何改动。这也说明中国民营企业并未完全掌握被并购企业技术资源的主导权。从国际化经验来看，经验的载体主要是掌握国际化运营的被并购企业的员工。中国民营企业采取派送中国员工的方式进行人员交流来获取国际化经验。这种方式虽然取得了一定的成果，并且培养出具有国际化管理能力的高管，但也从侧面证明中国民营企业获取国际化经验的方式较为保守。通过对资源整合的分析可以看出，中国民营企业并未采用完全控制或融合被并购企业的全部资源的方式，而是采取较为保守的方式来保持被并购企业的资源掌控权相对独立，只是对被并购企业的资源进行捆绑或复制，这种保守的方式虽然有降低资源整合的不确定性的优势，但相对应的是无法全盘控制被并购企业的资源，通过分析可以看出，在资源整合上中国民营企业仍然会选择容忍模糊性和非结构性事物的方式来降低资源整合的难度，这也证明了弱不确定性规避文化使得中国民营企业对被并购资源采取较为保守的整合方式。

　　弱不确定性规避文化倾向于容忍模糊性及非结构的事物，而强不确定性规避文化倾向于精确性及结构性的事物。从整合案例来看，中国民营企业并非如欧美企业用自身的文化来"同化"对方企业，而是经历了独立—被同化—重新独立的整合过程。中国民营企业在整个过程中或是采取较为轻松的方式进行文化交流，或是采取保守的姿态进行文化防御，尽量保持自身的文化不被被并购企业同化。从不确定性规避文化角度来说则是对于文化的模糊环境采取较为容忍的态度，从而将文化整合的不确定性降至企业可控的最低程度。采取容忍双方文化的模糊性但又进行部分整合的方式来保持并购双方的文化相对独立，而非进行深入的精确融合。虽然中国民营企业为了文化整合做了大量的工作，但这些工作并没有改变被并购企业的文化，反而是将被并购企业的文化输入中国民营企业，而且当这种输入并不适应中国民营企业的时候，中国民营企业被迫重新导入之前的文化，需要重新保持双方的文化独立。这些整合行为证明，缺乏整合能力的中国民营企业在文化整合中倾向于容忍双方文化的不确定性以避免影响整合的顺利进行。

　　缺乏整合能力的中国民营企业在弱不确定性规避文化影响下产生了与西方发达国家企业不同的异质性整合特征，具体表现为中国民营企业在整合阶段倾向容忍自身模糊性和非结构性事物，不断自我适应组织、资源、文化整合中的不确定性，进而保证达到整合的目的。本书据此构建了能力缺失型跨国并购整合特征模型，如图6.3所示。

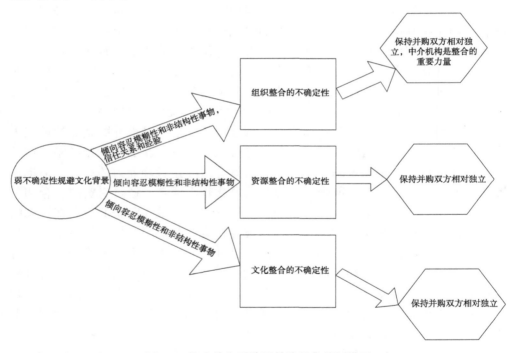

图6.3　能力缺失型跨国并购整合特征模型

二、模型讨论

　　本章在将不确定性规避理论引入跨国并购整合阶段研究的基础上初步建立了文化背景—整合不确定性—整合能力缺失三层理论模型。与之前学者专注于资源、文化、能力等单一因素整合不同，本章在回答中国民营企业跨国并购异质性整合特征及生成机理的同时,力图建立影响企业整合的因素全景图及厘清各个因素之间的关系,尝试以迭代式的理论研究方法,将初步研究所得到的异质性整合特征原因作为初始值,进而实施更深层次的理论迭代。本书以组织整合、资源整合、文化整合的不确定性为纽带,联系中国社会的不确定性规避文化与中国民营企业跨国并购整合特征,将整合特征背后所隐藏的生成机理以迭代的方式展示出来。具体而言,本书将得到的异质性整合特征、保持双方相对独立和中介机构是整合的重要力量作为二次迭代研究的初始值,通过深入研究中国民营企业在整合阶段遭遇的组织、资源、文化的不确定性并与中国社会的弱不确定性规避文化中的倾向容忍模糊性和非结构性事物进行理论联系,进而挖掘出弱不确定性规避文化在整合阶段与中国民营企业的资源、组织、文化等多层面因素之间的关系,缺乏内部整合能力的中国民营企业在弱不确定性规避文化影响下,寻求外部的整合力量进行帮助,并容忍内部整合的不确定性来保证整合的顺利完成,根据以上研究结论初步构建出能力缺失型跨国并购整合特征模型,相较于之前的跨国并购整合理论模型,该模型的主要贡献在于通过迭代的方式,揭示了中国民营企业跨国并购异质性整合特征生成机理,以及展示了影响中国民营企业跨国并购整合的各个因素之间的关系。

跨国并购已成为中国民营企业提升核心能力、应对复杂经济环境挑战的重要战略选择[161]。能力缺失型跨国并购整合特征模型从国家文化视角初步解释了缺乏整合能力的中国民营企业跨国并购整合特征的原因,与以往专注于中国民营企业微观文化整合的研究不同,本书将研究的重点放在中国民营企业所处的国家宏观文化情境与中国民营企业整合行为之间的影响关系上,包括中国民营企业自身的微观文化与国家所属的宏观文化之间的关联关系。这种将中国民营企业整合行为置于国家宏观文化情境视野的研究方式为未来进一步从宏观角度对跨国并购研究提供了理论前置,但需要注意的是这种研究方式要求笔者必须占有大量的"田园式"调查的数据,并且熟悉国家与中国民营企业的互动关系案例和理论才可能揭示出中国民营企业跨国并购整合现象所隐藏的理论。

第六节　本　章　小　结

本章首先以联想跨国并购整合的全过程为研究样本,分阶段、分层次地逐步分析联想跨国并购整合阶段,系统地总结出中国民营企业跨国并购整合特征。其次,通过将研究结论与西方企业跨国并购整合的经典研究成果进行对比,得出中西方企业跨国并购共性整合特征和异质性整合特征。最后,引入国家文化维度模型中的不确定性规避理论对整合过程中所呈现的与异质性特征有关的不确定性应对行为进行检验并构建出能力缺失型跨国并购整合特征模型。能力缺失型跨国并购整合特征模型从国家文化视角通过迭代的方式，揭示了中国民营企业跨国并购异质性特征生成机理，展示了影响中国民营企业跨国并购整合的各个因素之间的关系。研究结论表明，中国民营企业的跨国并购整合特征有：在整合方式上由专门部门负责，在整合人员上中介机构是整合的重要力量，在组织架构上整合过程中始终保持并购双方相对独立，在文化上文化整合始终贯穿整合过程。保持并购双方相对独立和中介机构是整合的重要力量是中国民营企业跨国并购异质性整合特征。通过引入不确定性规避理论检验得出中国民营企业跨国并购异质性整合特征生成机理是在弱不确定性规避文化的影响下，缺乏整合经验和整合能力的中国民营企业倾向于容忍整合中的模糊性和非结构性事物，并借助有合作关系和经验的中介机构以保证被并购企业资源的实际获得。

第七章 总结与展望

随着 20 世纪末中国企业在世界舞台的崛起，中国企业的国际化道路得到了学术界、企业界的高度重视，面对这些新现象，现有的文献还缺乏足够的解释力[175]。中国民营企业跨国并购的发展状况和水平直接关系到中国经济的兴衰起伏。中国商务部对外投资和经济合作司强调跨国并购成为中国民营企业对外投资新亮点，但中国民营企业跨国并购尚处于起步阶段，企业面临着并购经验不足、并购能力不强等问题，也面临着传统与非传统安全事件频发、国际市场竞争加剧等挑战。基于西方企业跨国并购情境所得出的并购特征及相关理论模型并不能完全适用于产生在中国特殊情境下的民营企业，亟待针对中国特殊情境下的跨国并购特征理论模型来解释中国民营企业异质性跨国并购特征。如果忽视对基于中国情境下的民营企业跨国并购特征、异质性特征及生成机理进行研究，缺乏相应的理论模型作为依据，国家及企业就无法制定较有针对性的指导方针、战略、政策，这不仅会增加中国民营企业面临跨国并购失败的风险，也会影响整个国家经济的发展速度、水平和质量。

第一节 总结结论

本书聚焦于中国民营企业跨国并购特征、异质性特征及生成机理模型的研究，是因为中国民营企业的跨国并购发展对传统的跨国并购理论提出了挑战。基于西方企业总结出的跨国并购特征相关理论模型已经不能很好地解释和指导中国民营企业跨国并购的发展和实践工作。尤其是中国民营企业在并购的驱动、交易、整合阶段的表现与实践与西方企业并不完全相同。这使得西方目前已有的跨国并购驱动、交易、整合阶段的相关特征理论并不能完全适用并指导中国民营企业的实践工作，需要基于中国本土情境的跨国并购特征理论模型来阐述中国民营企业跨国并购特征理论。在中国民营企业所处的环境下，中国民营企业跨国并购的特征到底有哪些？这些特征与西方发达国家企业跨国并购的特征有什么不同？这些不同特征的生成机理是什么？为了回答这些问题，本书首先在回顾跨国并购特征相关理论研究的基础上，确定了中国民营企业跨国并购的特征、异质性特征及生成机理之间的关系及需要进行研究的范围，其次引入国家文化维度模型下的不确定性规避理论，对使用不确定性规避理论解释中国民营企业跨国并购异质性特征生成机理的可移植性进行探讨之后提出了中国民营企业跨国并购特征、异质性特征及生成机理的研究框架。本书在大量调查和长期跟踪研究中国民营企业跨国并购案例的基础上，积累了大量相关案例研究数据，结合对比研究、案例研究等方法，系统地揭示了中国民营企业跨国并购特征群，通过多案例研究，对比剖析了中国民营企业的异质性跨国并购特征群并对其产生原因进行了初步分析，使用迭代理论研究方法，将初步分析所得的跨国并购异质性特征生成机理放入不确定性文化研究框架中进行二次理论迭代，得出中国民营企业跨国并购异质性特征生成机理并建立了相关理论模型，试图系统地回答在第一章所提到的需要研究的问题并构建相应的理论模型。

一、中国民营企业跨国并购的特征群

本书通过多案例的分析得出中国民营企业跨国并购过程的特征群，从而回答了中国民营企业在跨国并购的不同阶段有哪些特征的问题。本书以中国民营企业典型跨国并购案例为基础进行探索性案例研究，在研究中国民营企业跨国并购各个阶段的特征时，力图在分析中国民营企业跨国并购全部过程中的表象构成和影响因素的基础上，构建中国民营企业跨国并购特征群。研究表明，在跨国并购驱动阶段，国际品牌、核心技术、市场份额、国际化经验是中国民营企业跨国并购驱动阶段的特征。在跨国并购交易阶段，主要以合作关系和经验辅以商誉来选择并购交易中介伙伴，与战略咨询中介机构结成并购交易核心网络是中国民营企业跨国并购交易阶段的特征。在跨国并购整合阶段，整合由企业专业部门负责，整合过程中始终保持并购双方相对独立，中介机构是整合的重要力量，文化整合始终贯穿整合过程是中国民营企业跨国并购整合阶段的特征（表7.1）。

表 7.1　中国民营企业跨国并购特征群

阶段	中国民营企业跨国并购特征
驱动阶段	国际品牌、核心技术、市场份额、国际化经验
交易阶段	主要以合作关系和经验辅以商誉来选择并购交易中介伙伴，与战略咨询中介机构结成并购交易核心网络
整合阶段	整合由企业专业部门负责，整合过程中始终保持并购双方相对独立，中介结构是整合的重要力量，文化整合始终贯穿整合过程

二、中国民营企业跨国并购异质性特征群

本书通过与西方经典的跨国并购驱动、交易、整合阶段的特征研究结果进行对比分析得出中国民营企业跨国并购异质性特征群,从而回答了与欧美发达国家企业相比较,中国民营企业所具有的跨国并购异质性特征是什么的问题。本书在萨德·苏达斯纳、KPMG 公司等以西方企业跨国并购阶段性特征研究文献的基础上,借用小岛清研究美国和日本企业跨国投资异质性特征的对比方式,通过比对中西方企业在跨国并购的驱动、交易、整合阶段的不同特征,从而对中国民营企业跨国并购特征群进行了进一步聚焦,进而得出中国民营企业跨国并购异质性特征。研究表明,在驱动阶段,国际品牌、核心技术、国际化经验是中国民营企业跨国并购异质性驱动特征。主要以合作关系和经验来选择并购交易中介伙伴,与战略咨询中介机构结成并购交易核心网络是中国民营企业跨国并购异质性交易特征。整合过程始终保持并购双方相对独立、中介机构是整合的重要力量是中国民营企业跨国并购异质性整合特征(表 7.2)。

表 7.2 中国民营企业跨国并购异质性特征群

阶段	中国民营企业跨国并购异质性特征
驱动阶段	国际品牌、核心技术、国际化经验
交易阶段	主要以合作关系和经验来选择并购交易中介伙伴,与战略咨询中介机构结成并购交易核心网络
整合阶段	整合过程中始终保持并购双方相对独立,中介机构是整合的重要力量

三、中国民营企业跨国并购异质性特征生成机理模型

中国民营企业跨国并购异质性特征生成机理是本书研究的重点。本书通过构建驱动阶段的无形资源导向型跨国并购驱动特征模型、交易阶段的经验导向型跨国并购交易特征模型和整合阶段的能力缺失型跨国并购整合特征模型,得出中国民营企业跨国并购异质性特征生成机理模型,从而回答了中国民营企业所具有的跨国并购异质性特征生成机理是什么的问题。为了深度解析中国民营企业跨国并购异质性特征生成机理,本书将中国民营企业这一特殊企业类型所处的宏观文化环境具体量化,对企业所处的宏观环境变量与企业跨国并购行为之间的关系进行分析,在辨析不确定性规避理论对中国民营企业跨国并购研究的可移植性后将不确定性规避理论引入机理研究中。不确定性规避理论是国家文化维度模型中的重要理论之一,这一理论将中国与欧美国家的国家文化情境量化,标识出属于弱不确定性规避文化范围的中国和属于强不确定性规避文化范围的欧美国家在文化、

社会等宏观环境方面的具体区别，阐述了强弱不确定性规避文化国家各自不同的行为表象，这为具体分析中国民营企业跨国并购异质性特征生成机理提供了一个可用的框架工具，因此在多案例分析及中西方跨国并购特征对比分析的基础上，引入国家文化维度模型中的不确定性规避理论参与分析，将驱动、交易、整合阶段所得出的中国民营企业跨国并购异质性特征生成机理进行初步分析与二次迭代研究，通过研究跨国并购阶段中异质性特征生成机理，进而构建基于各个并购阶段情境的异质性特征模型，将各个阶段的特征模型提炼总结，得出中国民营企业跨国并购异质性特征生成机理模型。研究表明，中国社会中的弱不确定性规避文化是中国民营企业跨国并购异质性特征生成机理。具体表现为，当中国民营企业最为擅长的成本优势逐渐丧失时，弱不确定性规避文化影响下的中国民营企业选择在陌生环境中更容易规避风险的跨国并购方式寻求用于国际经营的无形资源来建立新的竞争优势，但在缺乏并购经验和整合能力的条件下，处于弱不确定性规避文化影响下的中国民营企业选择与自身具有合作关系和经验的中介机构来帮助自身完成并购交易和整合，并在整合过程中容忍整合中的模糊性与非结构性事物以避免在陌生的国际经营环境中冒险，从而保证获得被并购企业的资源。

中国民营企业跨国并购异质性驱动特征生成机理是弱不确定性规避文化影响下的中国民营企业由于缺乏国际化经验和能力，在陌生的国际市场倾向使用可以保护自身的快速且稳妥的跨国并购方式来获得国际品牌、核心技术、国际化经验这些无形资源用于自身的经营，从而保护自身规避风险、摆脱发展瓶颈，进而产生了与西方企业不同的跨国并购异质性驱动特征。

中国民营企业跨国并购异质性交易特征生成机理是中国社会的弱不确定性规避文化导致缺乏并购交易经验和知识的中国民营企业选择具有合作关系和经验的中介机构来控制交易的决策及交易的过程，最终完成跨国并购交易。以合作关系和经验来选择并购交易中介伙伴是在并购经验缺失的情况下让渡部分控制权，借用信任的中介伙伴代替自身进行并购交易决策与实施，而以战略咨询中介机构为核心的并购交易核心网络则是为避免其为了短期获利对并购交易的伤害从而保证并购交易的顺利完成。中国社会的弱不确定性规避文化导致中国民营企业采取倾向于相信经验和关系的方式来保证并购交易的完成，从而在形式上获得被并购企业的资源。

中国民营企业跨国并购异质性整合特征生成机理是在中国社会的弱不确定性规避文化影响下，缺乏整合能力的中国民营企业借用与自身具有合作关系和经验的中介伙伴力量，并容忍整合中的模糊性和非结构性事物以保证整合的顺利完成。采用并购双方较为独立的整合方式，以及以中介机构作为整合的重要力量，实质上一方面是借用外部力量来提高整合的成功率，降低整合的风险；另一方面，容忍整合中的模糊性和非结构性事物以保证整合难度的降低，从而顺利地完成整合（图7.1）。

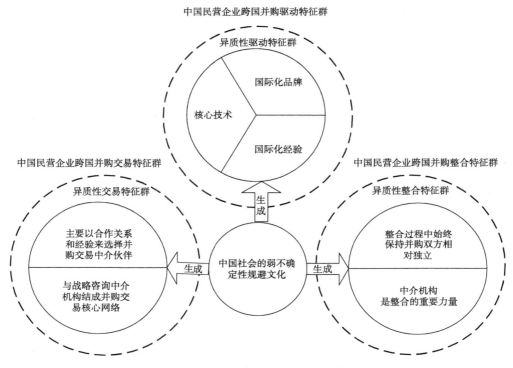

图 7.1　中国民营企业跨国并购异质性特征生成机理模型

四、中国民营企业跨国并购异质性特征生成机理模型讨论

中国民营企业跨国并购异质性特征生成机理模型的建立是本书对中国跨国并购特征理论体系的贡献。通过初步整合的中国民营企业跨国并购异质性特征生成机理模型为未来搭建更加完整成熟的针对中国企业的跨国并购理论研究体系提供了一定的理论前置和基础。模型建立于中国民营企业跨国并购的全过程案例分析及不确定性规避理论研究框架的理论迭代下，具有一定的理论价值和实际应用价值。与其他学者专注于中国企业跨国并购的某一阶段或某一单一影响因素研究不同，本书在回答中国民营企业跨国并购异质性特征生成机理的同时，力图建立影响中国民营企业跨国并购的全景因素关系图。本书以迭代式的理论研究方法，将初步分析得到的异质性特征生成机理作为初始值，以不确定性规避理论框架为工具，实施更深层次的理论迭代，将整个研究内容放入中国社会的不确定性规避文化情境中，相较于其他的中国跨国并购理论模型，该模型通过理论迭代的方式展示了影响中国民营企业跨国并购各个因素之间的关系。

中国民营企业跨国并购异质性特征生成机理模型从国家文化视角初步解释了

中国民营企业跨国并购驱动、交易、整合特征的原因，与以往专注于企业自身微观的跨国并购行为研究不同，本书将研究的重点放在企业所处的国家宏观文化情境与企业并购行为之间的影响关系上，包括企业自身的微观文化与国家所属的宏观文化之间的关联关系。这种将企业并购行为置于国家宏观文化情境视野的研究方式为未来进一步从宏观角度对跨国并购理论进行研究提供了一定的理论依据。

中国民营企业跨国并购异质性特征生成机理模型为中国民营企业未来进行跨国并购实践提供了一定的理论指导。由于模型构建于中国民营企业跨国并购的"田园式"调查得到的数据基础及多个中国民营企业跨国并购经典案例之上，因此模型对中国民营企业实际跨国并购决策、运营提供了一定的指导依据，为中国民营企业厘清并购驱动力、提高并购交易成功概率，以及增加企业并购整合效率提供了行为方向。在未来的国际化道路中，中国企业可以借鉴该模型来加强自身的经验积累，从而实现对跨国并购行为的最优控制，实现利益的最大化。

第二节　　局限和展望

本书以中国民营企业跨国并购的全过程为研究对象，以特征视角研究中国民营企业跨国并购特征、异质性特征及生成机理，构建了中国民营企业跨国并购异质性特征生成机理模型。本书首先通过案例研究的方法分析出中国民营企业跨国并购各个阶段的特征，其次通过与具有代表性的西方企业同阶段的跨国并购特征研究结论进行对比，分析出各个阶段的异质性特征，最后通过引入国家文化维度模型中的不确定性规避理论对中国民营企业异质性特征群生成机理进行诠释。这对中国企业跨国并购领域的政策制定与相关的知识、技术准备均具有重要的现实意义。由于笔者个人能力及掌握资源，特别是样本的数量限制，研究仍存在一些不足之处，需要在未来进行改进。本书从特征角度分析中国民营企业跨国并购异质性特征时，为保证研究的深入性及一致性，在各个阶段采用了一致的案例分析研究方法及对比研究方法。这种研究方法虽然可以保证研究的深入性和一致性，但具有样本抽取广度的局限性。虽然使用了不同行业的企业案例作为参考样本，但联想并购案多次成为不同章节内容的研究重点。如果能够在联想案例上配合大量的实证研究数据将会更加提高研究成果的普遍适用度。

尽管本书对中国民营企业跨国并购特征问题展开了较为深入的研究，能够在一定程度上揭示中国民营企业在跨国并购各个阶段的异质性特征及这些异质性特征的生成机理，但跨国并购理论涉及的范围较广，牵涉的因素也较为复杂，受笔者能力及字数限制，笔者认为仍然有以下问题需要进行更深层次的探索与发现。

一方面是中国民营企业跨国并购特征模型。从研究得出的特征群及异质性特征群可以看出，中国民营企业跨国并购驱动、交易、整合三个阶段的特征群与异质性特征群有内在的关联性甚至是因果关系。例如，由于跨国并购交易时与战略咨询中介机构结成并购交易核心网络，在某种程度上影响了并购后的整合行为，并最终使得战略咨询中介机构在整合阶段时成为重要的整合力量。又如，驱动阶段的三种异质性特征与之后的交易、整合阶段的特征亦有内在关系，因此有必要进一步整合中国民营企业跨国并购的特征群与异质性特征群，揭示三个阶段特征群之间的内在联系与相互作用机制，建立起更加完善的中国民营企业跨国并购特征群模型。另一方面，中国企业跨国并购研究是一项极其复杂的研究，除了民营企业类型外，国有企业作为另一跨国并购主体的并购过程与民营企业具有很大的不同。国有企业在资源约束、并购目标、审查阻力等各个方面相应具有不同的特征。例如，国有企业的并购目的兼有国家产业战略的要求，偏向于自然资源类行业，因此中国民营企业跨国并购特征理论并不能完全适应国有企业，所以有必要根据国有企业的特性，以国有企业跨国并购的过程为切入点，考虑建立基于国有企业的跨国并购特征群及分析其特征生成机理。

参 考 文 献

[1] Leverhulme Centre for Research on Globalisation and Economic Policy. Cross border mergers and acquisitions and the role of trade costs[R]. University of Nottingham Research Paper，2005.

[2] Stigler G J. Monopoly and oligopoly by merger[J]. The American Economic Review，1950，40（2）：23-24.

[3] UNCTAD. World investment report 2007[R]. New York and Geneva：United Nations Publicaton，2008.

[4] UNCTAD. World investment report 2008[R]. New York and Geneva：United Nations Publicaton，2009.

[5] UNCTAD. World investment report 2011[R]. New York and Geneva：United Nations Publicaton，2012.

[6] 张金鑫. 中国企业并购年鉴 2011[M]. 北京：中国经济出版社，2011：45-48.

[7] 王诚志. 中国企业跨国并购：绩效与风险研究[D]. 暨南大学博士学位论文，2008.

[8] 王寅. 中国技术获取型海外并购整合研究[D]. 浙江大学博士学位论文，2013.

[9] 顾卫平. 管理跨国并购——基于契约和资源整合的模式[D]. 复旦大学博士学位论文，2004.

[10] 叶建木. 跨国并购的理论与方法研究[D]. 武汉理工大学博士学位论文，2003.

[11] 袁柏乔. 战略导向的中小企业绩效管理系统构建[J]. 经济研究参考，2011，（35）：76-78.

[12] Yin R K. The Case Study Anthology[M]. California：Sage Publications，Incorporated，2004：86-159.

[13] Yin R K. Case Study Research：Design and Methods[M]. California：Sage Publications Incorporated，2008：255-312.

[14] 王艳月. 中外企业跨国并购动因比较分析[J]. 工商管理，2014，12（4）：7-10.

[15] Eisenhardt K M. Building theories from case study research[J]. Academy of Management Review，1989，14（4）：532-550.

[16] Miles M B. Qualitative data as an attractive nuisance：the problem of analysis[J]. Administrative Science Quarterly，1979，24（4）：590-601.

[17] 杨柳. 比较研究法浅析[J]. 黑龙江教育学院学报，2010，29（6）：64-65.

[18] 王承绪. 比较教育[M]. 北京：北京教育出版社，2003：24-101.

[19] 罗群. 中国企业跨国并购的动机、控制权与并购绩效的关系研究[D]. 华南理工大学博士学位论文，2013.

[20] 闵剑. 企业跨国并购风险动态监测研究[D]. 武汉理工大学博士学位论文，2013.

[21] 李梅. 中国企业跨国并购绩效的实证研究[M]. 武汉：武汉大学出版社，2010：15.

[22] 张寒. 跨国并购的理论、运作及我国企业的跨国并购问题研究[D]. 对外经济贸易大学博士学位论文，2005.

[23] Newman P，Milgate M，Eatwell J. 新帕尔格雷夫金融大词典[M].第一卷. 胡坚，等译. 北京：经济科学出版社，2000：129-130.

[24] 潘丽春. 中国上市公司并购价值影响因素与演进路径的实证研究[D]. 浙江大学博士学位论文，2005.

[25] 威斯通 J F，郑光 S，侯格 S E. 兼并、重组与公司控制[M]. 唐旭，等译. 北京：经济科学出版社，2003：47.

[26] 许南. 金融业跨国并购动因、效率与运营研究[D]. 湖南大学博士学位论文，2006.

[27] 韩世坤. 二十世纪九十年代全球企业并购研究：兼论框架下中国企业的跨国并购策略[M]. 北京：人民出版社，2002：200-262.

[28] 杨京京. 民营企业政治关联、多元化战略与绩效的关系研究[D]. 华南理工大学博士学位论文，2013.

[29] 尤宏兵. 中国民营企业国际化经营研究与实证分析[D]. 南京理工大学博士学位论文，2004.

[30] 杨懿. 转型期中的中国民营企业文化研究[D]. 复旦大学博士学位论文，2005.

[31] 新浪财经. 国企 10 巨头占 500 强利润 4 成　制造业现空心化隐忧[EB/OL]. http://finance. sina.com.cn/roll/20110905/013510431006.shtml，2011-09-05.

[32] 财富（中文版）. 2011 年中国 500 强最赚钱的 40 家公司[EB/OL]. http://www.fortunechina. com/fortune500/c/2011-07/13/content_62957.htm，2011-07-13.

[33] 李鸿忠. 支持非公有制经济健康发展[EB/OL]. http://www.qstheory.cn/zxdk/2013/201323/ 201311/t20131127_296351.htm，2013-12-01.

[34] 江诗松，龚丽敏，魏江. 转型经济中后发企业的创新能力追赶路径：国有企业和民营企业的双城故事[J]. 中国工商管理案例研究，2011，（12）：96-115.

[35] 兰玲. 民营企业科技创新现状及分析[J]. 中小企业研究，2007，（24）：114-116.

[36] 曲吉光，徐东风，姜春. 纳什均衡：民营企业从国有商业银行取得贷款难的经济学解释[J]. 金融研究.2005，（1）：154-163.

[37] Bradley M, Desai A, Kim E H. Synergistic gains from corporate acquisitions and their divisions between stockholders of target and acquiring firms[J]. Journal of Financial Economics，1988，21（1）：3-45.

[38] Seth A, Song K, Pettit R. Synergy，managerialism or hubris? An empirical examination of motives for

foreign acquisitions of U.S. firms[J]. Journal of International Business Studies, 2000, 31(3): 387-415.

[39] Ayoush, Diab M. Are cross border mergers and acquistions better or worse than domestic mergers and acquisitions? The UK evidence[D]. University of Birmingham, 2011.

[40] Sudarsanam S, Holl P, Salami A. Shareholder wealth gains in mergers: effect of synergy and ownership structure[J]. Journal of Business Finance and Accounting, 2010, 23(5~6): 673-702.

[41] 贾波. 中国企业海外并购定价研究[D]. 燕山大学博士学位论文, 2012.

[42] Sudarsanam S, Mahate A A, Limmack R J, et al. Glamour acquirers, method of payment and post acquisition performance: the UK evidence[J]. Journal of Business Finance and Accounting, 2003, 30 (1): 299-352.

[43] 邓沛然. 中国企业跨国并购中的文化整合研究[D]. 河北大学博士学位论文, 2009.

[44] Morosini P, Shane S, Singh H. National cultural distance and cross border acquisition performance[J]. Journal of International Business Studies, 1998, 29 (1): 137-161.

[45] Vermeulen F, Barkema H G. Learning through acquisition[J]. Academy of Management Journal, 2001, 44 (3): 457-476.

[46] 王晋勇. 上市公司并购若干问题研究[Z]. 特华博士后科研工作站, 2004.

[47] Brealey R, Myers S, Allen F. Principle of corporate finance[M]. 8th ed. New York: McGraw Hill, International Edition, 2006: 231-232.

[48] Michael C J, William H M. Theory of the firm: managerial behavior, agency costs and ownership structure[J]. Journal of Financial Economics, 1976, 3 (4): 305-360.

[49] Goergen M, Luc R. Shareholder wealth effects of European eomestic and cross border takeover bids[J]. European Financial Management, 2004, 10 (1): 9-45.

[50] Hopkins H D, Chaganti R, Kotabe M, et al. Cross border mergers and acquisitions: global and regional perspectives[J]. Journal of International Management, 1999, 5 (3): 207-239.

[51] 徐鑫波, 宋华. 企业并购动因理论综述[J]. 现代商贸工业, 2007, (19) 7: 32-39.

[52] Roll R. The hubris hyPothesis of corporate takeovers[J]. Jounral of Business, 1986, 59 (2): 74-91.

[53] 陈仕华, 姜广省, 卢昌崇. 董事联结、目标公司选择与并购绩效——基于并购双方之间信息不对称的研究视角[J]. 管理世界, 2013, (12): 117-132.

[54] Depamphilis D. Mergers acquisitions and other restructuring activities[M]. 4th ed. London: Academic Press, 2008: 786-788.

[55] Jensen M C. Agency costs of free cash flow, corporate finance and takeovers[J]. American Economic Review, 1999, 76 (2): 323-329.

[56] 祁桐. MBO 的前景——与现状基于新经济制度学的分析[D]. 武汉大学硕士学位论文, 2005.

[57] Pedro C, Vasconcellos G M, Kish R J. Cross border mergers and acquisition: the undervalued hypothesis[J]. The Quarterly Review of Economics and Finance, 1998, 38 (5): 25-45.

[58] Dunning J H. Trade，location of economic activities，and the MNE：a search for an eclectic approach[J]. Palgrave Macmillan UK，1977，（2）：203-205.

[59] Dunning J H. Regions，Globalization and the Knowledgebased Economy[M]. New York：Oxford University Press，2002：196-200.

[60] Bruton G D，Lau C M. Asian management research：status today and future outlook[J]. Journal of Management Studies，2008，45（3）：636-659.

[61] Dunning J H. Towards a new paradigm of development：implications of the determinants of international business activity[J]. Journal of Transnational Corporation，2006，15（1）：160-231.

[62] 魏涛. 中国企业海外并购动因分析及整合研究——基于无形资源的视角[D]. 西南财经大学博士学位论文，2012.

[63] Kojima K. Direct Foreign Investment：A Japanese Model of Multinational Business Operations[M]. London：Croom Helm press，1978：17-219.

[64] 张夕勇. 并购与整合[M]. 北京：中国财政出版社，2011：150.

[65] 弗兰克尔 M E S. 并购原理：收购、剥离和投资[M]. 曹建海译. 大连：东北财经大学出版社，2009：40-211.

[66] 里德 S F，拉杰克斯 A R. 并购的艺术：兼并、收购、买断指南[M]. 叶蜀君，郭丽华译. 北京：中国财政经济出版社，2001：12-289.

[67] 拉杰科斯 A R，埃尔森 C M. 并购的艺术：尽职调查[M]. 郭雪萌，崔永梅，万里霜译. 北京：中国财政经济出版社，2001：51-89.

[68] 颜湘蓉. 跨国协议并购法律问题研究[M]. 武汉：武汉大学出版社，2009：43-198.

[69] 卫新江. 欧盟、美国企业合并反垄断规制比较研究[M]. 北京：北京大学出版社，2005：17-183.

[70] Sudarsanam S. Creating Value From Mergers and Acquisitions：The Challenges[M]. 2nd ed. Harlow：Prentice Hall，2010：34-711.

[71] 佟常兵. 企业并购交易过程的复杂性研究——秩序与不确定性[D]. 北京交通大学博士学位论文，2010.

[72] 里光年. 发展中大国企业跨国并购研究[D]. 吉林大学博士学位论文，2010.

[73] 程新章，胡峰. 跨国公司对外投资模式选择的经济学分析框架[J]. 新疆大学学报（哲学·人文社会科学汉文版），2003，31（4）：17-20.

[74] 葛顺奇，孙卓然. 中国企业跨国并购的特征与动机[J]. 国际经济合作，2014，（8）：39-41.

[75] 姜秀珍，徐波. 跨国并购中的政府职能定位——CFIUS 调查联想与 IBM 并购交易的反思[J]. 国际商务研究，2005，（4）：20-23.

[76] 单宝. 基于跨国并购战略目标的区位与产业选择[J]. 理论讨论，2007，（2）：87-89.

[77] 马建威. 中国企业海外并购绩效研究[D]. 财政部科学研究所博士学位论文，2011.

[78] 张伟捷，郭健全. 制度距离与中国企业跨国并购区位选择——基于微观数据的比较分析[J].

科技与产业，2016，（7）：47-51.

[79] 李国锋. 港口业的跨国并购研究[D]. 南开大学博士学位论文，2010.

[80] 张文魁. 中国企业海外并购的基本情况、总体评估和政策讨论[J]. 经济界，2011，7（7）：18-21.

[81] 新浪财经. 力拓毁约中铝195亿美元注资[EB/OL]. http://finance.sina.com.cn/focus/chinalco_rio/index.shtml，2009-06-11.

[82] 周旻. 民营企业海外并购的优劣势解析[EB/OL]. http://theory.people.com.cn/GB/12902381.html，2010-10-09.

[83] 韩鹰东. 战略驱动型企业并购[D]. 辽宁大学博士学位论文，2011.

[84] Hofstede G L. Culture's Consequences：International Differences in Work Related Values[M]. Beverly Hills，California：Sage publication，1980：78-341.

[85] 曾晓兰. 企业跨国经营的文化障碍分析——国家文化模型的应用[J]. 北京工商大学学报（社会科学版），2003（3）：19-21.

[86] Hofstede G L. Cultures and Organizations：Software of the Mind[M]. New York：McGraw Hill，2005：21-349.

[87] 陈晓萍. 跨文化管理[M]. 北京：清华大学出版社，2005：14.

[88] 徐笑君. 权力距离、不确定性规避对跨国公司总部知识转移的调节效应研究[J]. 经济管理，2010，（1）：61-68.

[89] 谢冬梅，范莉莉. 中西文化在不确定性规避维度上的比较研究——基于中德两国的实证研究[J]. 广西社会科学，2012，（10）：162-166.

[90] Bhagat R S，Kedia B L，Triandis H C. Cultural varations in the cross-boarder transfer of organizational knowledge：an integrative framework[J]. Academy of Management Review，2002，27（2）：204-221.

[91] 邸燕茹. 权力距离和不确定性规避文化视角的中国企业高绩效工作系统研究[D]. 首都经济贸易大学博士学位论文，2013.

[92] 霍夫斯泰德 G，霍夫斯基德 G J. 文化与组织：心理软件的力量[M]. 第二版. 李原，孙健敏译. 北京：中国人民大学出版社，2010：192-195.

[93] 路红涛. 金融危机背景下中外银行之不确定性规避的跨文化比较[D]. 对外经济贸易大学硕士学位论文，2010.

[94] 吴东，吴晓波. 技术追赶的中国情境及其意义[J]. 自然辩证法研究，2013，29（11）：45-50.

[95] 程德俊，赵曙明. 高参与工作系统与企业绩效：人力资本专用性和环境动态性的影响[J]. 管理世界，2006，（3）：86-95.

[96] 张玉利，曲阳，云乐鑫. 基于中国情境的管理学研究与创业研究主题总结[J]. 外国经济与管理，2014，36（1）：65-72.

[97] Yin R K. Case Study Research：Design and Methods[M]. California：Sage Publications

Incorporated，2008：19-356.

[98] 苏敬勤，崔淼. 工商管理案例研究方法[M]. 北京：科学出版社，2001：37-183.

[99] 林海芬. 引进型管理创新的企业家决策机理研究[D]. 大连理工大学博士学位论文，2011.

[100] Eisenhardt K M. Building theories from case study research[J]. Academy of Management Review，1989，14（4）：532-550.

[101] Ghauri P，Gronhaug K. Research Methods in Business Studies：A Practical Guide[M]. New York：Financial Times，PrenticeHall，2005：12-232.

[102] 拉杰科斯 A R，埃尔森 C M. 并购的艺术：尽职调查[M]. 郭雪萌，崔永梅，万里霜译. 北京：中国财政经济出版社，2001：171-179.

[103] Zhu Z W，Huang H F. The cultural integration in the process of cross border mergers and acquisitions[J]. International Management Review，2007，3（2）：40-44.

[104] 李文娟. 霍夫斯泰德文化维度与跨文化研究[J]. 社会科学，2009，（12）：126-129.

[105] 慈玉鹏. 霍夫斯泰德的国家文化维度模型[J]. 管理学家（实践版），2010，（12）：48-56.

[106] 姚慧丽. 基于自组织与嫡理论的企业扩张机理与相关决策研究[D]. 南京理工大学博士学位论文，2007.

[107] 程子潇，韩平. 中国企业海外并购风险的研究思路探析[J]. 价值工程，2008，（2）：146-148.

[108] 孙加韬. 中国企业海外并购的风险防范与化解[J]. 亚太经济，2005，（1）：42-45.

[109] 于桂琴. 我国企业跨国并购风险成因分析[J]. 跨国经营，2011，（2）：52-53.

[110] 夏明萍. 并购风险及控制分析——TCL 海外并购的案例分析[J]. 科技咨询导报，2007，（27）：80-81.

[111] 洪勇. 追赶战略下后发国家制造业技术能力提升研究[D]. 大连理工大学博士学位论文，2008.

[112] 孙华鹏，苏敬勤，崔淼. 中国民营企业跨国并购的四轮驱动模式[J]. 科研管理，2014，10（35）：94-100.

[113] Hymer S H. International operations of national firms：a study of direct foreign investment[D]. Ph. D. Thesis，Massachusetts Institute of Technology，1960.

[114] Caues R E. Multinational Enterprise and Economic Analysis[M]. Cambridege：Cambridge University Press，1982：813-816.

[115] Manzon G. An empirical study of the consequences of U.S. tax rules for international acquisitions by U.S. Firms[J]. The Journal of Finance，1994，9（4）：22-46.

[116] Sirower M L. The Synergy Trap[M]. America：Simon and Schuster press，2007：101-231.

[117] Brouthers K D，Hastenburs P，Ven J. If most mergers fail why are they so popular[J]. Long Range Planning，1998，（13）：330-351.

[118] KPMG. Colouring in the map：mergers and acquisitions in Europe[R]. KPMG Management Consulting，2001.

[119] 黄中文. 跨国并购的微宏观经济研究[D]. 对外经济贸易大学博士学位论文，2001.

[120] 张小蒂，王焕祥. 国际投资于跨国公司[M]. 杭州：浙江大学出版社，2004：32-99.

[121] 谢皓. 跨国并购与中国企业的战略选择[M]. 北京：人民出版社，2008：59-85.

[122] 阎大颖. 企业能力视角下跨国并购动因的前沿理论述评[J]. 南开学报（哲学社会科学版），2006，（4）：106-112.

[123] IDC. Top 5 vendors，worldwide PC shipments[R]. 2012.

[124] 新浪科技. 柳传志：并购 IBM PC 买到三样非常想买的东西[EB/OL]. http://tech.sina.com.cn/it/2009-07-04/14523235489.shtml，2009-07-04.

[125] 王天一，汤石章. 中国制造业跨国并购的技术获取动因[J]. 安徽农业科学，2007，10（2）：24-29.

[126] IDC. PC shipment decline continued in first quarter as expected，with hopes for improvement depending on commercial replacements and economic stability[R]. 2016.

[127] 王跃生. 吉利并购 Volvo Car：具备后发大国海外投资模式五要素[J]. 中国经济，2010，9（1）：2-3.

[128] 郝继涛. 吉利收购 Volvo Car 的品牌升级路[J]. 管理学家，2010，7（2）：34-46.

[129] 王自亮. 吉林收购 Volvo Car 全纪录[M]. 北京：红旗出版社，2011：36-98.

[130] 何志毅. 中国企业跨国并购 10 大案例[M]. 上海：上海交通大学出版社，2010：196-212.

[131] 田泽. 中国企业海外并购——理论与实践研究[M]. 北京：化学工业出版社，2010，（6）：81-82，160.

[132] 叶永新. 经济全球化下中国品牌的国际化发展之路[J]. 今日科技，2006，（4）：27-28.

[133] 王谦. 中国企业技术获取型跨国并购研究[M]. 北京：经济科学出版社，2010：1-2.

[134] Perry J S, Herd T J. Mergers acquisitions：reducing M&A risk through improved due diligence[J]. Strategy and leadship，2004，32（2）：10-31.

[135] Ohanson J, Vahlne J E. The mechanism of internationalization[J]. International Market Review，1990，12（7）：88-102.

[136] Eagley N S, Miller P M. The effect on framing on choice：interaction with risk taking propensity，cognitive style and sex[J]. Personality and social psychology bulletin，1990，7（2）：495-511.

[137] 杜晓君，刘赫. 基于扎根理论的中国企业海外并购关键风险的识别研究[J]. 管理评论，2012，24（4）：18-26.

[138] 苏达斯纳 S. 并购创造价值[M]. 第二版. 张明，杨欣，夏小文，等译. 北京：经济管理出版社，2011：341-536.

[139] Bruner R R. Does M&A pay? A survey of evidence for the decision-maker[J]. Journal of Competitive Intelligence and Management，2003，1（3）：11-45.

[140] Song S A，Kpettit R. Value creation and destruction in cross border acquisitions：an empirical

analysis of foreign acquisitions of U.S. firms[J]. Strategic Management, 2002, 14（9）: 86-89.

[141] Bao J. Do investment banks matter for M&A returns[J]. The Review of Financial Studies, 2011, 7（24）: 2286-2315.

[142] Schüller M, Turner A. Global ambitions Chinese companies spread their wings[J]. Journal of Current Chinese Affaird-China Aktuell, 2005, 34（4）: 3-14.

[143] Jonathan P, Bloch M. Money and the Morality of Exchange[M]. Cambridge: Cambridge University Press, 1989: 98-107.

[144] Hunter W C, Jagtiani J. An analysis of adviser choice, fees, and effort in mergers and acquisitions[J]. Review of Financial Economics, 2003, 12（1）: 65-81.

[145] Porrini P. Are investment bankers good for acquisition premiums[J]. Business Research, 2006, 59（1）: 90-97.

[146] Hayward M. Professional influence: the effects of investment banks on clients acquisition financing and performance[J]. Strategic Management, 2003, 24（9）: 179-202.

[147] Sudarsanam S. Creating Value From Mergers and Acquisitions: The Challenges[M]. 2nd ed. Harlow: Prentice Hall, 2010: 330-476.

[148] 于蓝, 罗莹. 从跨国并购整合看中国企业跨国并购[J]. 商场现代化, 2009, （3）: 16.

[149] Barney J B. Firm resources and sustained competitive advantage [J]. Journal of Management, 1991, 17（1）: 99-120.

[150] David K, Singh H. Sources of Acquisition Cultural Risk, the Management of Corporate Acquisitions[M]. Hampshire: Macmillan Publishing Co., 1994: 121-186.

[151] 唐炎钊, 张丽明, 陈志斌. 中国企业跨国并购文化整合解决方案探究[M]. 北京: 中国经济出版社, 2012: 43-129.

[152] 齐善鸿, 张党珠, 程江. 跨国并购"经济—文化"综合博弈模型[J]. 管理学报, 2013, 10（11）: 1588-1595.

[153] 潘爱玲. 跨国并购中文化整合的流程设计与模式选择[J]. 南开管理评论, 2004, 7（6）: 104-149.

[154] Grant R M. Toward, a knowledge based theory of the firm[J]. Strategic Management Journal, 1996, 17（S2）: 109-122.

[155] 王长征. 企业并购整合——基于企业能力论的一个综合性理论分析框架[M]. 武汉: 武汉大学出版社, 2002: 31-188.

[156] 陈重. 公司重组与管理整合[M]. 北京: 企业管理出版社, 2001: 11-154.

[157] 魏江. 企业购并战略新思维——基于核心竞争能力和企业购并与整合管理模式[M]. 北京: 科学出版社, 2002: 112-197.

[158] Haspeslagh P, Jemison D. Managing Acquisitions: Creating Value Through Coporate Renewal[M]. New York: Free Press, 1991: 34-382.

[159] 秦楠. 我国企业并购绩效分析及并购资源整合管理研究[D]. 天津大学博士学位论文，2007.

[160] 邱毅. 企业跨国并购整合过程——基于资源的核心能力转移分析[D]. 华东师范大学博士学位论文，2006.

[161] 孟凡臣，肖盼，刘博文. 跨文化吸收能力对国际并购绩效的影响分析[J]. 科研管理，2016，37（6）：151-158.

[162] 宣烨，李思慧. 跨国并购中企业资源和能力转移的有效性分析[J]. 世界经济研究，2010，（9）：59-63.

[163] 苏敬勤，孙华鹏. 中国企业跨国并购的文化整合路径——以联想并购 IBM PC 为例[J]. 技术经济，2013，32（9）：15-21.

[164] 苏敬勤，孙华鹏. 企业流程创新管理模式研究——以联想业务变革经理制为例[J]. 管理案例研究与评论，2012，5（1）：55-62.

[165] 易楚君. 中美文化价值观差异对联想整合 IBM PC 部门的影响[D]. 武汉理工大学硕士学位论文，2010.

[166] 李国刚，许明华. 联想并购以后[EB/OL]. https://max.book118.com/html/2016/0310/37315661.shtm，2016-03-10.

[167] 谢康利. 炒掉 CEO 的理由[J]. 商界（评论），2010，（4）：136-138.

[168] 许华. 协同效应视角下联想公司跨国并购绩效促进机制研究[D]. 北京交通大学硕士学位论文，2012.

[169] 李国刚，许明华. 联想并购以后[M]. 北京：北京大学出版社，2010：163-165.

[170] 赛迪网. 杨元庆：并购成就国际化的联想[EB/OL]. http://www.ccidnet.com/2011/1102/3052101. shtml.

[171] 全球并购中心. 中国十大并购[M]. 北京：中国经济出版社，2007：42-312.

[172] Ashkenas N，Demonaco L J，Francis S C. Making the deal real：how GE capital integrates acquistions[J]. Harvard Business Review，1998，1（2）：165-178.

[173] Sudarsanam S. Creating Value From Mergers and Acquisitions：The Challenges[M]. 2nd ed. Harlow：Prentice Hall，2010：548-554.

[174] 杨忠智. 跨国并购战略与对海外子公司内部控制[J]. 管理世界，2011（1）：176-177.

[175] 吴先明，苏志文. 将跨国并购作为技术追赶的杠杆：动态能力视角[J]. 管理世界，2014，（4）：146-164.

附录　调研提纲①

访谈对象姓名：

访谈对象职位：

访谈对象国籍：

访谈对象加入联想时间：

访谈对象在并购中的职责：

1. 您认为是什么驱动着联想进行跨国并购 IBM PC 部门？

2. 并购之前联想在发展中遭遇的瓶颈、企业发展的内部及外部问题是什么？

3. 联想为什么不选择在海外设立分公司而选择并购？

4. 联想的并购经历了哪些阶段（过程）？

5. 在并购过程中，联想在战略层面遭遇了哪些挑战？面对这些挑战，联想采取了哪些具体的措施？

6. 并购过程中联想战略层面遭遇的挑战及处理方式是什么？

7. 中美两国宏观环境、文化差异对并购的影响是什么？

8. 当与 IBM（联想）的管理者（职员）遇到较大分歧时用什么办法进行处理？

9. 您所在的部门在并购过程中所遭遇的挑战及解决办法是什么？

10. 在具体跨国并购的驱动、交易、整合阶段所遭遇的挑战及解决办法是什么？

11. 联想的文化交流活动，如鸡尾酒活动对您是否有影响？影响是正面还是负面的？

12. 您认为外部顾问是否对并购有价值？具体的价值在哪里？在哪些方面帮助了联想？

13. 如果重新再进行一次并购，您认为应在哪些地方进行改善可以使并购更好？

14. 您认为与欧美大型企业（如 IBM 或 HP）相比，联想的跨国并购短处在哪里？如何应对？

---

① 根据访谈对象的职位、国籍选择问题提问；根据问题引导情况变化，进行机动提问。

15. 通过跨国并购联想得到了什么，是否达到了跨国并购驱动的预期？

16. 您本人在跨国并购中得到的最大收益是什么？

17. 通过跨国并购交易，联想是否达到了交易的预期？没达到的原因是什么？

18. 通过跨国并购整合，联想是否达到了整合的预期？没达到的原因是什么？

19. 请列出影响联想跨国并购的十大因素，这些因素处于并购的什么阶段？

20. 您还希望联想再次进行跨国并购吗？原因是什么？